JN188878

精神科医が教える

子どもの折れない心の育て方

精神科医
藤野智哉

世界文化社

はじめに

「立ち直る力」「折れない心」は学童期に大いに伸びる！

心の回復力を意味する、「レジリエンス」という言葉をご存じでしょうか。困難にぶつかってもへこたれず、しなやかに乗り越えていく力のことです。人生において多くの「はじめて」を経験する6～13歳頃の学童期は、この力を育むのにとても大切な時期といえます。

「もうやりたくない！」と途中で何かを投げ出してしまったり、「自分にはできない」と挑戦する前からあきらめてしまったり。

そんなお子さんの投げやりな発言や消極的な態度に対して、「うちの子は心が弱いのかしら……」と心配になる保護者は少なくないでしょう。

でもこれは、かならずしも心の弱さが原因ではありません。**「目の前にあるものを、**

どんなふうに認識するか」という、とらえ方の問題なのです。

人間がモノや現象を解釈したり、判断したりすることを「認知」と言います。この**「認知」を変えるだけで、世界の見え方は大きく変わります。**

ここで重要になってくるのが、認知とも関わりの深い「レジリエンス」です。レジリエンスとは、もともと回復を意味する言葉ですが、**心理学では、困難な状況を経験して傷ついても立ち直る力という意味で使われています。**

私自身は、レジリエンスを〝ふにふに生きる力〟と呼んでいます。

心が折れて、立ち直れないくらいのダメージを負ってしまうのは、心がガチガチにかたくなっているから。たとえば、レンガのようにかたいものに衝撃を与えたら、もとの状態に戻すのはむずかしいですよね。それと同じで、かたい状態の心は、一度壊れたら修復が困難なのです。心の病気がなかなか治りにくいのは、そのせい。**でも、心がスライムのようにやわらかくて自在に形を変えることができたなら、衝撃を受け**

てもとに戻りやすい。私はそういう状態を〝ふにふに〟と表現しています。

私、精神科医の藤野智哉と申します。精神科病院に加え、医療刑務所でも精神科医として働いています。精神科の診療では、発達障害のお子さんやその保護者など、さまざまな困りごとを抱えたご家族とも日々接しています。

そこでよく質問されるのは、「どうすれば子どもの心を強くできますか」ということ。これは抱えきれないほどのストレスに押しつぶされそうになっているお子さんが多いことの裏返しだと思うのです。

同じ出来事が起きても、心が折れてしまう人とそうでない人がいる。その差は、心が〝ふにふに〟しているか、いないかの違いだと、私は考えています。

声かけで、世の中をとらえる視点を増やしてあげる

6～13歳くらいの時期は、小学校に入学して自分の世界がいっきに広がります。仲間も増えれば、敵も増える。これまで友だちの中ではいちばん足が速かったのに、小

学校に入ってはじめて、かけっこで負ける経験をするなど、自然と劣等感を味わう機会も出てくるわけです。

そのときに「もっと練習して次は頑張ろう」と思うのか、「負けてしまったから、もう頑張っても無駄」と思うのか。そこにレジリエンスが大きく関わってきます。

世の中にはどうしたって挫折や失敗、ストレスがつきまといます。それは私たち大人なら痛いほど感じていること。

そんな世の中を生き抜くためには、「次はできるはず」「なんとかなるさ」「またやってみよう」と思える、レジリエンスが必要です。

では、子どものレジリエンスを育てるにはどうすればいいのでしょう。

その一つのカギが、保護者の「声かけ」です。

子どもが困難にぶつかったとき、目の前に壁が立ちはだかったとき、保護者がどんな声をかけてあげるかが、とても重要なのです。

鉄棒が苦手で、「体育の授業に出たくない」と主張する子どもに、どんな声をかけますか？　「練習すれば大丈夫だよ」「あきらめずに頑張りなさい」などでしょうか。

こうした言葉の裏には、「できるまで何度でも挑戦してほしい」「試練を粘り強く乗り越えてほしい」といった親心があると思いますが、鉄棒がうまくできなくて心が折れそうになっている子どもが、それに気づくのはむずかしいかもしれません。かえって、「私にできるわけないよ」「絶対無理！」と反発的な思いがふくらみ、かたくなになってしまいかねません。

ここで大切なのは、狭まった視野を広げてあげる声かけができるかどうかです。

もし、子どもがすでに自転車に乗れるようになっているなら、「自転車は何十回もやって乗れるようになったよね。鉄棒も同じかもしれないよ」「どうしたらいいか、一緒に考えていこう」と声をかけてみたらどうでしょう。鉄棒に対する認知が、「絶対にできない」ものから、「もしかしたらできるようになるかも」に変わるかもしれません。このように、**子どもに「別の視点」に気づかせるような声かけができれば、レジリエンスは少しずつ育まれていきます。**

大切なのは、「ふつう」の呪縛から解き放たれること

子育てに悩む保護者からよく聞くのが、「ふつうに育ってほしい」「ふつうに学校へ行ってほしい」という言葉。でも、「ふつう」って、いったい何でしょう。誰がその「ふつう」を決めたのでしょうか。

こうして大人の中にいつの間にか刷り込まれた「ふつう」を、子どもに押し付けてしまっているケースはとても多いと思います。

それはおそらく、子育てを取り巻く環境がどんどん窮屈になっていることも原因の一つでしょう。大家族で暮らし、地域で子どもを育てることが一般的だった時代から、核家族で誰の助けも借りずに子育てをしなくてはならない時代になりました。

そうした現代の子育て世代は、子育てのアドバイスをスマホで検索して得るしかなく、誰かが勝手に書いた偏った情報を正しいと思い込んで、自分の子育てにあてはめてしまう。子育て本を開けば「これをしちゃダメ」「あれをしなきゃダメ」と書いて

あって、そのとおりにするのが正解だと思ってしまう。それを実践してもうまくいかなくて、うまくいかないと「私の子育てが間違っているんだ」とか「うちの子はふつうじゃないんだ」と思ってしまう。

寛容さの足りない社会においては、「ふつう」がすごく大切なものさしになってしまうのは仕方のないことかもしれません。

でも、**その「ふつう」に子どもを閉じ込めてしまうこと、親が思い描くとおりの子ども像を押し付けてしまうことが、実は子どもからレジリエンスを育む機会を奪ってしまっているのです。**

私は幼い頃、川崎病（乳幼児に多く、全身のさまざまな血管に炎症を起こす原因不明の疾患）という病気になりました。その後遺症が心臓の血管に残り、運動が制限されて、子どもながらに、できないことやあきらめなくてはいけないこともそれなりにありました。大人になったいまも薬を飲み続けていますが、興味を持った分野を勉強して、精神科医として多くの患者さんと向き合えています。こうして本を書いたり、講演をしたり、テレビに出たりして、さまざまな情報発信もしています。

なぜ、私が、困難な中でも心が折れることなく、やりたいことに取り組もうと思えたのか。ふり返ってみると、親から受けた影響が大きかったかもしれません。

私の父は自由で、子どもの行動をあまり制限しない人でした。本人も60歳近くからダイビングを始めたんですよ。一般的に考えたら、そんな年齢からダイビングをするなんて無理だと言われてもおかしくないのですが、そうした、いわゆる世間の常識みたいなものにとらわれすぎない人なんです。

心臓に障害を抱えた私が、実家から遠く離れた秋田の大学を受験したいと言ったときも、心配こそすれ、無理に引き止められることはありませんでした。「医者になりたい」という私の思いを尊重して、何も言わずに送り出してくれました。

そんなふうに「ふつう」の枠を飛び越えて、好きなことをやって満たされている父の姿を見てきましたし、私自身にも「ふつう」を押し付けられなかったからこそ、病気で「ふつう」ではない自分を悲観せずに生きてこられたのではないかと感じています。

"ふにふに"が親子関係改善につながる!

子どもには、親が考える「こうすべき」という教育よりも、心強い味方と柔軟さが必要で、それがふにふにとやわらかくて折れない心を育てることにつながります。

6~13歳頃の学童期にこそ、レジリエンスを育てておけば、**先々で心をくじかれるような出来事に遭遇しても、ストレスをふにふにと上手にかわし、広い視野で前向きに考え、乗り越えられる大人になれるはず。**困難を当たり前ととらえ、たとえ倒れても何度でも果敢にチャレンジする底力が養われると思うのです。それを伝えたくて、私はこの本を書くことを決めました。

まわりの目を気にして、子どもを「ふつう」に育てなくちゃと思いながらも、何が正解かわからずにもがいている。子どもに「心の強い人」になってもらわなくちゃと思いながらも、どうすればいいのか途方に暮れている。そんな方々に、この本を読んでほしいと思います。

レジリエンスとは何なのか、どうすればレジリエンスを育めるのか。読み進めて実践をしながら、子どもと一緒に保護者も、心をふにふにさせていきましょう。

迷いや悩みの中にいるときは、「ずっとこのままの状態が続いたらどうしよう」「きっと一生、つらいままなんだ」と考えてしまいがちです。でも、そんなことはありません。**マイナスに偏っている「認知」をプラスに変える。**それができれば、保護者の世界も、子どもの世界も想像以上に広がっていきます。

先の見えない時代、「ふにふに生きる力」は、困難に折れずに向かっていくための重要な武器になります。このレジリエンスこそが、保護者が生涯で子どもに与えられる、最高のプレゼントかもしれません。

藤野智哉

CONTENTS

第1章 どんな困難にも負けない心の育て方

第2章

いいことも悪いことも話せる環境をつくる

第4章 子どものありのままを受け入れる いちばん簡単な方法

第5章 こんなときどうする？ 子育てのお悩み相談室

第1章

どんな困難にも負けない心の育て方

「折れない心」に必要なのは強さではなく「柔軟さ」

折れない心を育てるための具体的な方法をお伝えする前に、レジリエンスとは何か、どのように育まれるのかというお話を少しだけさせてください。方法を早く知りたい！　という人は第2章から読み始めていただいてもＯＫです。

多かれ少なかれ、生きていくうえでストレスを受けることは避けられません。だから、多くの人は「メンタルを強くしたい」「ストレスに負けないたくましさを身につけたい」と考えます。「強さ」や「たくましさ」というと、何があってもゆるがない、かたくて頑丈なものをイメージするでしょう。

でも、ストレスを感じるたびにすべてを真正面から受け止めていたのでは、どうしたって心が持ちません。**本当に必要な心の強さ、たくましさとは、ストレスを上手に**

受け流すやわらかさなのです。

かたくて頑丈な心は、一見、ストレスに耐えられそうに思えます。けれど、それだけでは真正面からぶつかってきたハードなストレスの衝撃には勝つことができず、崩れてしまいます。これがいわゆる「心が折れる」という状態です。一方、心がやわらかい状態だったらどうでしょう。もしストレスが近づいてきても、上手に形を変えてダメージを最小限におさえたり、はね返したりすることができるはずです。

そんなストレスに負けにくい心を持って生きることを、私は**〝ふにふに生きる〟**と言っています。キャンディではなくグミのように、木刀ではなく弓のように、やわらかく、しなやかに。そんな〝ふにふに〟とした心が、理想的です。この〝ふにふに〟は、生まれ持った性質が関係することもありますが、それよりもさまざまな経験を通して獲得していくもの。つまり、成長過程で育てられる力なのです。

心理学の世界では、かたさや頑丈さだけではなく、このやわらかさも含めて「レジリエンス」なのだと言う学者も少なくありません。

レジリエンス（resilience）は、直訳すると回復力や復元力を意味します。心理学ではストレスを受けたり、困難な状況に陥ったりしたときに、上手に受け流したり、適応したりして乗り越えていく力のことを指します。

同じストレスにさらされたときでも、そのストレスをどうとらえてどう対処するかによって結果は変わります。よく例として挙げられるのが、PTSD（心的外傷後ストレス症）の話です。これは心的外傷となる著しいストレス因子にさらされた後にさまざまな精神症状が出現する疾患ですが、同じストレスにさらされた場合であっても、その後に症状が出る人と出ない人がいることが複数の研究で示されています。この差にはもちろん先天的な素因なども関係しますが、それだけではなく、このレジリエンスという力が大きく関わっているのではないかとも言われているのです。

強い衝撃を受けた際にどう受け止め、対処したかが、その後の人生に大きな差を生む可能性があるということです。

真正面から受けきれないような衝撃を、もろに喰らわないスキルのようなものも、人生を乗り越えていくためには大切なレジリエンスだと言えるでしょう。

ストレスの受け流し方を知らない子どもは多いので、不快な出来事があったときに一発で心が折れてしまうことがあります。だからこそ、やわらかく〝ふにふに〟とした心を育て、「つらいことを上手に乗り越える力」（＝レジリエンス）を身につけることが必要なのです。早いうちからレジリエンスを身につけられたら、負わなくてもいい傷を負わずに済み、すこやかに成長していくことができます。

レジリエンスが育まれていれば、失敗をしても受けるダメージが少ないので、次の挑戦への意欲がわき、新しいことに難なくチャレンジできます。出来事をポジティブに受け止められるので、将来を楽観的に考えることができ、余計な不安を抱くことも少なくなります。明るい見通しを立てられるので、努力を惜しまずコツコツと前に進むこともできます。そうして蓄積した努力を根拠にして、自分自身が好きになり、さらには自分を大切にできるようにもなるのです。

ストレスを受けたときだけでなく、あらゆる場面で物事をプラスにとらえ、ポジティブな気持ちで生きていくことができる。そんな、**人生における最強のお守りのような力が、レジリエンスです。**

「わかる！」「できる！」「やろう！」という感覚を育てる

〝ふにふに〟とした折れにくい心をつくるカギとして紹介したいのが、「**首尾一貫感覚**」です。むずかしい言葉ですが、わかりやすく解説しますね。

これは、戦時中につらい経験をした人のその後を研究した、ある医療社会学者が提唱した言葉です。この人は、つらい経験を糧としてすこやかに生きている人とそうでない人の差が、「首尾一貫感覚」の高さに表れていることを発見しました。

「首尾一貫感覚」は、次の3つの概念で構成されています。

一つめは「把握可能感」。これは、**自分が置かれた状況や自分の実力をある程度、把握できていて、それを根拠に未来を見通せる力です。**

簡単に言えば、「わかる！」という感覚でしょうか。夏休みの宿題を1日に何ページやれば、期間中に終えることができるかがわかるといったイメージです。**未来を何となく見通せるので、漠然とした不安におそわれることがありません。**

二つめは「処理可能感（しょりかのうかん）」。これは、「できる！」という言葉に置き換えるとわかりやすいでしょう。**困難に遭遇したときでも、「自分ならなんとかできる」と思える感覚です。**自分だけの力で解決できると思える感覚ではありません。たとえば家族や友だち、先生など、力を貸してくれる人がそばにいることをわかっていて、「その人たちの協力を得れば解決できる」と思えることも含まれます。

困難に立ち向かう際の「武器」を自覚しているからこそ、「なんとかできる」と思えるのです。**何かあっても、自分にはいろんな武器があるのだから大丈夫。その安心感が前向きさや行動力を生み、ストレス耐性を高めます。**

三つめは「有意味感（ゆういみかん）」。これは、**降りかかってきた困難に対して「これはきっと、**

自分を成長させるために必要なものなんだ」といったように、ポジティブにとらえる感覚のことを指します。「どうして自分だけ……」とか「ただひたすらつらいだけだ」などとネガティブにとらえると、そのぶんストレスが増してしまいます。

そうではなく、「意味があるはず」と信じることで、「よし、やろう！」という勇気がわいてくるのです。

「首尾一貫感覚」が高い子どもは、自分にきちんと目を向けていて、自分のことをよく知っています。いい意味で「セルフラブ（自己愛）」が強い状態だと言えるでしょう。セルフラブは、アイデンティティを形成するのに役立ちます。**アイデンティティがしっかりと確立されれば、自然と目標が見え、困難にも意味を見出して、「なんとかなる！」と努力できるのです。**

この「わかる！」「できる！」「やろう！」の感覚を、子どものうちから身につけることは、レジリエンスを育てるのにとても役立ちます。

「折れない心」を支えるもの

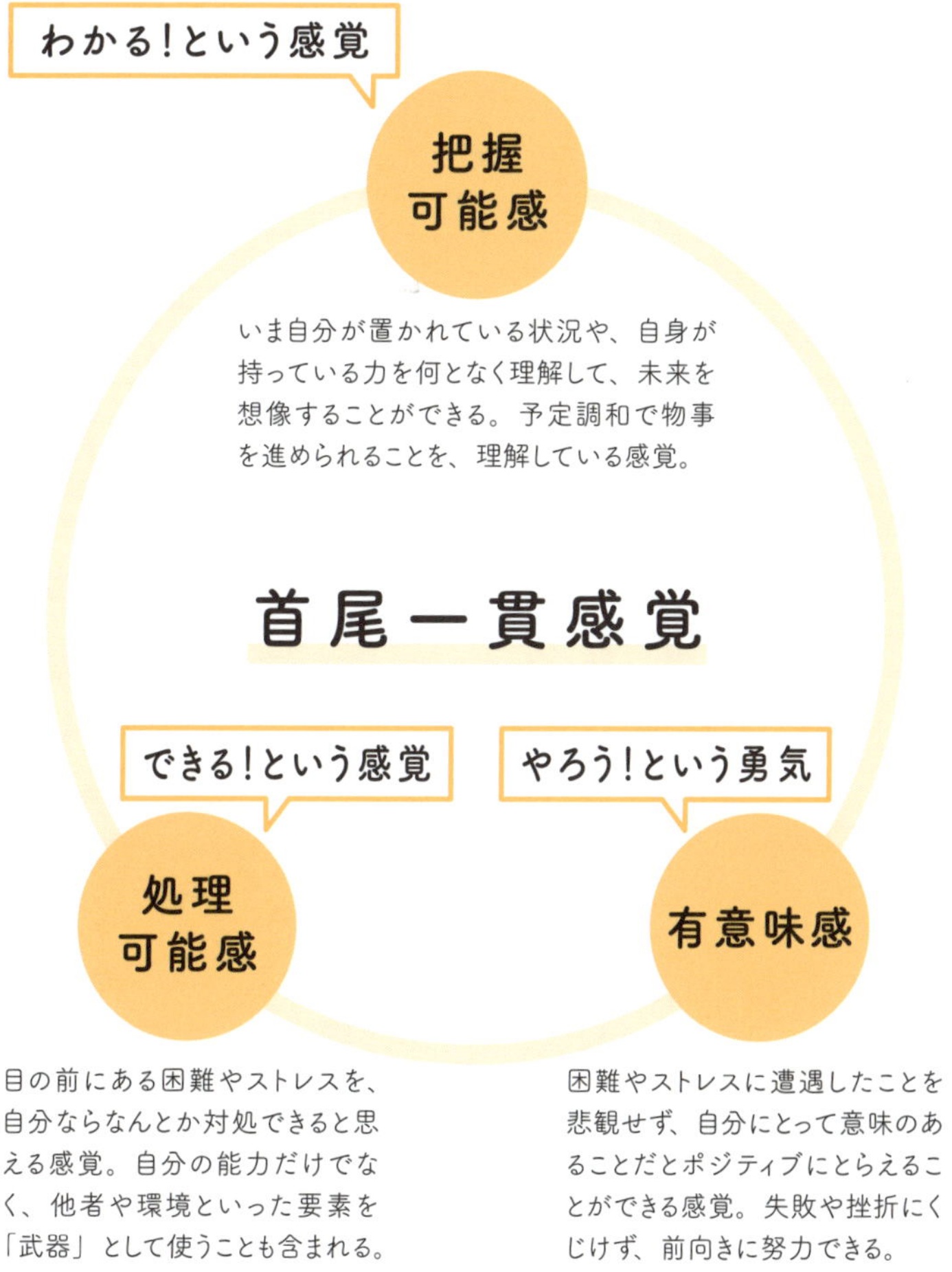

わかる!という感覚

把握可能感

いま自分が置かれている状況や、自身が持っている力を何となく理解して、未来を想像することができる。予定調和で物事を進められることを、理解している感覚。

首尾一貫感覚

できる!という感覚

処理可能感

目の前にある困難やストレスを、自分ならなんとか対処できると思える感覚。自分の能力だけでなく、他者や環境といった要素を「武器」として使うことも含まれる。

やろう!という勇気

有意味感

困難やストレスに遭遇したことを悲観せず、自分にとって意味のあることだとポジティブにとらえることができる感覚。失敗や挫折にくじけず、前向きに努力できる。

小さな成功体験を重ねると、自分が好きになる

レジリエンスを育てる要素として、もう一つ紹介したいのが「自尊感情」です。**無条件で自分を丸ごと受け止めて、大切にしている状態は自尊感情が高い状態と言えます。** 自尊感情が高ければ、困難が起こったときに自分を大切にする選択ができます。誰かのために嫌なことでも引き受けて、自分を犠牲にしてしまうことはありませんか？ **自尊感情は、自分をすり減らすのを避ける手助けとなるのです。**

自尊感情はさまざまな要素から構成されます。その中でも大切なものとして、「自己有用感」「自己調整感」「自己安全感」があります。これらの言葉を覚える必要はありません。考え方だけ、知っておいてくださいね。

「自己有用感」は、自分を価値がある存在だと思える感覚です。「社会や誰かの役に立っている」とか、「必要とされている」といったことを自覚している状態とも言えます。とはいえ、人からの評価を気にしてそのために頑張るのは、自分をすり減らすことにつながります。あくまで、社会や誰かの役に立つことで、自分が満たされるかどうかが重要です。

「自己調整感」は、自分の人生のコントロール感と言えばわかりやすいでしょうか。不安や心配は、未来が見通せないからこそわき上がってしまいます。でも、自分はこういう人間で、こういう能力があって、まわりには頼れる人がいる。だからある程度、人生を自分でコントロールしてうまくやっていくことができている。そんな感覚です。先ほどの、把握可能感（わかる！）、処理可能感（できる！）ともつながりますね。

周囲に流されるままに生きてしまっている人は、この感覚が弱く、しんどさを抱えてしまいがちです。行動や選択に自分の意思があり、自分らしくいられるかどうか。それが大切です。

「自己安全感」は言葉どおり、自分の安全が確保できていると思える感覚です。安心できる場所、安心させてくれる人たちがいるから自分を守ることができるとわかっていることです。

安心な場所も人も、自分で人生をコントロールしたうえで得ているものです。自分には守られる価値がある、自分を守ろうと思えるのは、自分を大切にしているからこそ。自己有用感、自己調整感、自己安全感は密接に関係しているのです。

自尊感情は成功体験を積み重ねることで高まっていきます。ポイントはスモールステップで成功を体感すること。これはコントロール感を失わないためです。

そのために、子どもの手が届くところにボールを置いてあげましょう。あるいは、すでに持っているボールに気づかせてあげることも小さな成功体験になります。

玄関で靴をそろえられるようになった。何も言わなくても家に帰ってきたら手を洗っている。子どもは日々、いろんな階段を少しずつ上っていますから、それらをちゃんと見て一つ一つほめてあげるのもいいでしょう。

しつけや教育にとらわれると、どうしてもできないことに目が向いてしまいがちですが、ぜひ、できたことを肯定してあげてください。

「自分を大切にする」気持ちを支えるもの

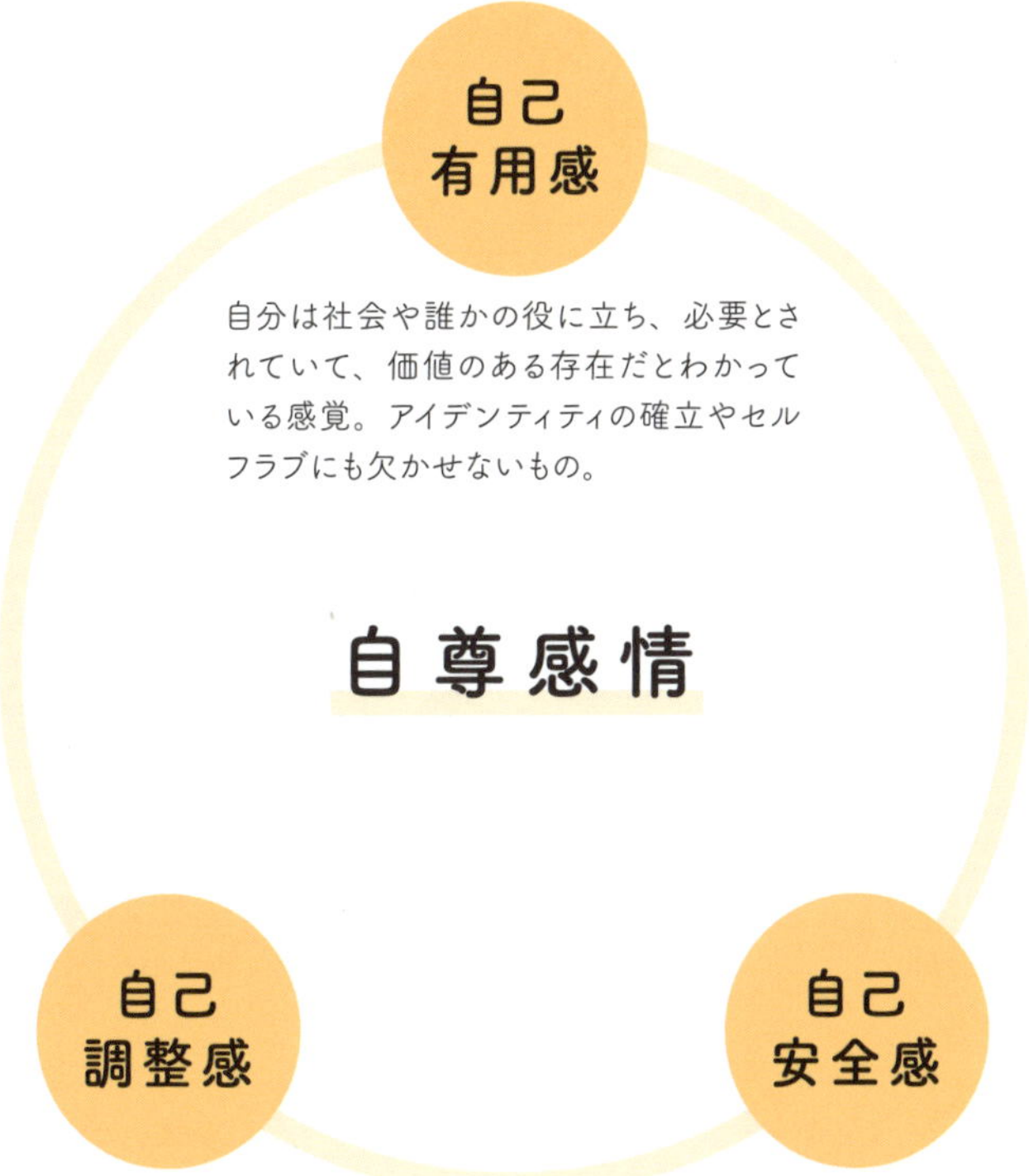

自己有用感

自分は社会や誰かの役に立ち、必要とされていて、価値のある存在だとわかっている感覚。アイデンティティの確立やセルフラブにも欠かせないもの。

自尊感情

自己調整感

まわりの人や環境に流されることなく、自分の人生をコントロールできている感覚。この感覚があることで、漠然とした不安や心配におそわれずに済む。

自己安全感

自分には安心できる場所があり、安心させてくれる人がいるのだとわかっている感覚。自分を大切にするうえでも、何かに挑戦したり困難を乗り越えたりするうえでも重要。

「ほめて育てる」もやりすぎには要注意

自尊感情を高めるには成功体験が大切で、子どもの小さな成長を見逃さず、それを一つ一つ肯定することが重要だとお話ししました。

とはいえ、手放しに何でもかんでもほめてあげれば自尊感情が育つということではありません。

叱られたり、指摘されたりした経験がないままでいると、たった一度の衝撃で心がポキッと折れてしまう可能性があるからです。

一方、厳しくしすぎると、その経験自体が子どもの心を折ってしまうことにもなりかねないので、ほめる・叱るという行為には適度なバランスが必要になります。

ほめることも叱ることも、保護者が子どもを「しっかり育てなくては」「ちゃんと教えてあげなくては」というスタンスでいると、どうしても行きすぎてしまいがちです。自分が子どもを〝教育している〟と、一方向のコミュニケーションになってしまっている状態は好ましくありません。

親だって、完璧な人間ではありませんよね。**子どももひとりの人間であるという前提のもと、人対人のコミュニケーションを密に取る。**そういったスタンスで子どもと向き合えば、過度にほめたり、叱ったりすることはなくなるでしょう。

叱ってはいけない、とにかくほめて肯定してあげなくてはいけないと思い続けていては疲れてしまいます。

子どもの成長をていねいに見守りつつ、間違ったことをしたら正し、対等な人間として尊重する。

そんな気楽でフラットな関係性でいれば、余計な力を入れることなく、お互いにのびのびと成長できるはずです。

子どもの心いっぱいに「安心・安全」の種をまく

レジリエンスを育てるには、さまざまな困難に遭遇しても、子ども自身が「自分は大丈夫だ」「きっと乗り越えられる」と心から思えることが重要です。その根拠となるのが、自分が持っている〝資源〟です。資源というと、何かをつくるための材料などをイメージしがちですが、個人にとっての資源とは、その人自身の能力や性格、そばにいる人、生きている環境そのものを指します。

人はそれぞれ、「個人内資源」と「環境資源」を持っていて、その質や量によって、「これがあるからきっとなんとかなる」「この人は自分を絶対に支えてくれる」というように、安心・安全を感じたり、自信を持てたりします。これが、レジリエンスを育む種となるのです。

「個人内資源」とは、性格や能力、考え方などの個人の資質のうち、ポジティブに働くものを指します。たとえば、楽観的で何事も前向きにとらえることができれば、逆境に打ち勝つ武器になり得ますし、誰とでもすぐに打ち解けられるコミュニケーション力は、困ったときに助けてくれる〝人のネットワーク〟を広げることができます。

「環境資源」とは、家族や親族、友人や先生など自分の味方でいてくれる人、心が落ち着く家や居場所といった、自分の外側にあるポジティブな要素を指します。

たとえば、何でも相談できる保護者がいれば、悩みや心配ごとを抱えてしまったときでも一緒に前向きな解決策を考えることができますし、大好きなものに囲まれた自分の部屋があれば、ストレスを受けたときでも安心して気持ちを休めたり切り替えたりすることができます。

自分がどんな資源をどれだけ持っているかがわかっていると、つらいことや大変なことに遭遇しても心が折れることなく、立ち向かったり、上手に回避したり、解決策を導き出すことができるのです。

なかでも、**保護者が提供してあげられるのは、絶対的な味方という存在と安心できる居場所です。**「どんなことがあっても、私はあなたの味方だよ」と、子どもに伝え続けてください。

とはいえ、唐突にそんなメッセージを伝えるのはむずかしいと思う人もいるでしょう。その場合は、**日々のコミュニケーションの中で小出しにするのがおすすめです。**テレビを一緒に見ていていじめの話題などを目にしたら、「私なら、こんなふうに助けるから、悩む前に話してね」というように、目の前の出来事を踏まえて話すのです。

避けたいのは、家庭内で子どもにストレスを与えることです。親同士が頻繁にケンカをしたり、不機嫌になって八つ当たりをしたりといった環境は、子どもにとって安心できる場所でなくなってしまいます。職場などでの「フキハラ（不機嫌ハラスメント）」という言葉が話題になっていますよね。**不機嫌さを前面に出すことはまわりにいる人の心理的安全性を奪います。**不機嫌にしていれば子どもは言うことを聞きやすいですから、ついついやってしまうかもしれませんが、レジリエンスを育むうえではマイナスになりかねません。

心理的安全性を支える2つの資源

個人内資源

- 楽観性と前向きな気持ち
- 新しいことや人との関わりを楽しもうという興味・関心
- まわりに助けを求める力
- 自尊感情

環境資源

- いつも味方でいてくれる家族
- 塾や学童の先生といった協力的な大人
- よく遊ぶ気心の知れた友だち
- 大好きなものに囲まれた部屋

困ったことがあったら、いつでも相談してね

どんなときでも、お母さんはあなたの味方だよ

「助けて」ってちゃんと言えてえらいね

安心・安全につながる声かけ

家族で考え解決する経験が「乗り越える力」を育てる

環境資源の中でも、とくに家族の存在は子どものレジリエンス育成に大きな影響を与えます。

心理学者のデイヴィッド・ウォルシュは、家族が潜在的な資源として個人を支え、逆境や困難に家族がともに取り組むことで、家族自体の力も強化されていく、ということを述べています。

わかりやすく言うと、**家族は一つの相補的な共同体で、何か問題が起きたときに個人ではなく共同体として一緒に乗り越えていくことが、本人にも家族にも重要だということです。**

レジリエンスはよく木にたとえられます。

木が折れやすいか、そうでないかは幹の太さだけでは決まりません。添え木があったり、フェンスを立ててくれる人がいたりすれば、さらに折れにくくなるでしょう。もし横にもう1本の木があれば、強い風が吹いても風の力が分散されてダメージを減らせます。

壁になったり、壁をつくったりしてくれる人がそばにいるか。一緒に並び立ってくれる仲間がいるか。そういった環境資源は、レジリエンスの必要条件だと私は思います。

何も、自分ひとりだけで困難に立ち向かわなくてもいいのです。助けを求めることだって、大切な生き残り戦略です。

木の幹を太くするように、個人内資源を増やしたり強くしたりするのはそう簡単ではないし、限界があります。だからこそ環境資源をたくさん持っておくこと、それに気づいていることが大切になってきます。

とくにいちばん身近な家族が誰よりも自分のことをわかってくれて、いつでも味方でいてくれて、何があっても支えてくれると信じられることほど、子どもにとって心強いものはありません。

刷り込まれた「べき思考」にとらわれていませんか？

家族として一つの共同体をつくっていくときに、足を引っ張りやすいのが「べき思考」です。

子どもが言うことを聞かない、勉強をしない、何を考えているかわからない。そんなときに、ついつい怒ってしまうのは「子どもは親の言うことを聞くべき」「子どもは勉強をすべき」「子どもは親に何でも話すべき」のように、「〇〇すべき」と無意識のうちに思ってしまっていることが少なくないからです。

でも、子どもだって一つの人格を持った他人です。

他人の考えていることのすべてなんてわかりようがないし、子どもにも意思があって、その行動には理由があります。

親子関係を、親が上で子どもが下だと思い込んで、親が何でも教えて与え、子どもはそれを受け取るだけの存在だと考えてしまうと、思いどおりにならないことにイライラしてしまいます。

「子どもがわがままを言う」といったような悩みは、「親が子どもをひとりの他者として尊重できていない」という親側の問題であることも、実は多かったりします。

精神科医で心理学者でもあるアドラーは、「あらゆる悩みは対人関係の悩みである」と述べています。親子関係も突き詰めれば対人関係です。自分とは違う他者とどう向き合って、どう力を合わせて、家族という共同体をよりよいものにするのか。それは、親が子どもとの関係性をどうとらえるかにかかっているとも言えます。

「○○すべき」という思考を持っているかもしれないと思ったら、その考えは今日、この瞬間に手放しましょう。そして**子どももひとりの人間であるという意識で接し、悩みやトラブルを共同体として解決する姿を見せられると、子どもはもちろん親のレジリエンスも養われていきます。**

第2章

いいことも悪いことも話せる環境をつくる

「量より質」で、子どもとの対話を習慣化しよう

子どもにとって保護者が安心・安全を感じられる存在であることは、レジリエンスを育てるためにとても重要な要素です。何か困ったことが起きたり、何かにつまずいたりしたときに、支えたり、励ましたり、解決策を一緒に考えたりしてくれる人がいる。そのことは、けっして平たんではない人生を乗り越えていくうえで、とても大きな武器になるのです。

家よりも保育園や幼稚園、小学校ですごす時間が長いと、自分が子どもの成長に大きな影響を与えている自覚を持ちにくいかもしれません。でも、**保護者は子どもが生きていく過程で絶対的に大きな武器や支えになる存在なのだと、覚えていてください。**

では、どうすれば子どもに自分が安心・安全を提供できる存在だと理解してもらえるでしょうか。

もちろんピンチのときに手を差し伸べることも大切ですが、ふだんからの密なコミュニケーションにこそ、目を向けてほしいのです。**対話を通して与える安心感が、子どもの心にレジリエンスの種をまき、それが少しずつ育まれていきます。**

毎日忙しくて、あまり子どもに手をかけてあげられないという保護者も多いと思います。でも、安心してください。**子どもとのコミュニケーションは、量だけでなく質が大切。**毎日でなくてもいい、少しでもいいのでしっかりと向き合って、できるだけ話を聞いてあげてください。子どもといるとき、スマホばかり見ていませんか？ 短くても中身の濃い時間をともにすごす。それがポイントです。

そこでおすすめしたいのは、**相づちや表情、ハグといった非言語的コミュニケーションをふだんに取り入れることです。**言葉だけでは十分に愛情が伝わらないことがありますから、ぜひさまざまな方法で、「あなたのことが大好きだよ」「どんなことがあってもあなたを守るよ」と全身で伝えてあげてください。

こんなときは
こうしよう

会話が続かないなら、ディテールを問いかける

「今日、学校どうだった？」「最近、友だちとはどう？」と尋ねても、「ふつう」とか「別に」など、と素っ気ない対応でモヤモヤする……という声をよく耳にします。

大前提として、**保護者は子どものすべてを知る必要はないと私は思っています。**なぜなら、子どももひとりの人間だから。大人と同じように、人には話したくないことだってあるのです。

それに、子どもはまだ具体的に言語化する能力が身についていません。だから、「どうだった？」「どんな感じ？」と抽象的な質問を投げかけても、回答がむずかしいこともあります。もちろん話したいことを自由に話させてあげることも大切ですが、**うまく話が出てこないときは問いかけを具体的にして助け船を出してあげる必要があ**

ります。「今日の体育の授業は、何をしたの?」「お昼休みには何をして遊んでいるの?」など、答えやすい質問に変えるのも、一つの手です。

ゲームやテレビに夢中になっている、注意力が散漫になっているなど、対話をするのに適さない状況なのも理由の一つかもしれません。一緒にお風呂に入っているときや、寝る前など、よりよいタイミングを探ってみましょう。

性格や特性によって、ひとりひとりベストなコミュニケーション方法は違います。いろんな種類の、いろんな角度からの質問を試したり、その子が話しやすい環境を整えたりと、工夫をしてみてください。

とはいえ、話さない理由の背景に、トラブルが潜んでいる可能性があることも念頭に置いておきたいところ。でも、無理に聞き出そうとするのは逆効果です。**日々のコミュニケーションの中で、「困ったことがあったらいつでも助けることができるよ」ということを伝え続けることが大切です。**

こんなときは
こうしよう

都合が悪くなって黙り込んだら、まずは味方だと全力で伝える

たとえば、学校でクラスメイトと派手なケンカをして、学校から保護者へ連絡が来たとしましょう。保護者としては子ども本人から話を聞きたいのに、黙り込んでしまって、くわしく報告をしてくれない……。

こんなふうに、何かトラブルが起きたり、自分に都合の悪い状況に陥ったりしたときに、何も話してくれないと困ってしまいますよね。

ここで考えたいのは、どうして子どもは話さないのか、なぜ隠そうとするのかということ。もしかしたら、そこには「叱られるかもしれない」という考えがあるのかもしれません。過去に、同じようなことで叱られた経験があるのなら、なおさらです。

そういったときに「なんで話さないの!?」と感情的に叱ったら、子どもはさらに話したくなくなります。**叱りたいのではなく、「何があったかを知りたいんだよ」「一緒に解決策を考えたいんだよ」と、そんな思いをぜひ伝えてあげてください。**

友だちとのケンカの原因が子ども自身にあって、謝らなければいけないとしても、保護者が感情に任せて叱るのではなくそばにいてくれれば、謝る勇気がわくはずです。

厳しく罰するために話を聞き出したいのではなく、家族という共同体として、みんなで解決するために聞かせてほしい。保護者はいつもそんなスタンスでいることが大切です。**もちろん、いけなかった点や、直さなければいけない点については、しっかりと伝えなくてはいけませんが、頭ごなしに叱るのは避けましょう。**

こうした経験を積み重ねていくと、頼りたいと思ったときにいつでも頼れる安心・安全な存在として、子どもの中で保護者への信頼度が高まり、それと同時にレジリエンスも少しずつ育まれていきます。

こんなときは
こうしよう

会話が少なくても広い心で見守る

もっと子どもと話をしたいのに、家に帰ったらすぐに自分の部屋に閉じこもってしまう。小学校高学年くらいの子どもを持つ保護者から、こうした声が寄せられることがあります。

このときも、まず考えたいのは部屋に閉じこもる理由です。ゲームに夢中になっているからなのか、スマホで友だちと連絡を取り合うのに忙しいからなのか。何をしているのかわからないのは不安でしょうから、理由を探ってみましょう。

でも、無理にコミュニケーションを取ろうとしても反発されるだけ。小学校高学年にもなると、少しずつ反抗期へと突入していく子が増えてきます。

大人は、自分が子どもだったときのことを忘れてしまっているけれど、自分だって親に話しかけられると、どうしようもなくイライラしてしまう時期があったはずです。**気持ちがコントロールできず、保護者との関わりを過剰に避けてしまう時期があります。**

いまは心身ともに成長中で、ホルモンバランスも不安定なのかもな、と広い心で受け止めてあげてください。

ありがたいことに、いまはとても便利な時代で、もし、子どもが携帯電話を持っているなら、メールやメッセージを活用すれば、直接会話をしなくてもコミュニケーションを取ることができます。

ときには、家の中でそれらのツールを使って会話したっていいのです。**大切なのは、顔を見なくてもしっかりと心の底でのつながりを保っておくこと。**

「いつもあなたを気にかけているよ」「いつでもあなたの味方だよ」という思いを伝え続けることだけは、忘れないようにしてください。

こんなときはこうしよう

態度や言葉づかいが気になっても感情的に反応しない

どこで覚えてきたのか、子どもが汚い言葉づかいをしたり、粗暴な態度を取ったりすることに対して、どうすればいいんだろう……と悩む保護者は少なくないはずです。ついつい自分も汚い言葉を返してしまったり、イライラして感情的になってしまったりすることもあるでしょう。

一つ覚えておきたいのは、**小学3〜4年生頃になると、保護者からの承認よりも仲間内での承認を重視し始めるようになってくるということ。**

このくらいの年齢の子どもは「ギャングエイジ」と呼ばれます。仲のよい友だちグループをつくり、同じ行動や遊びをすることで、自分たちだけの世界観を持つようになります。そうすると、そこで使われている言葉やルールを自然と重んじるようになり、とくに男の子は保護者から少し距離を取り始めて反抗的な態度が目立ちやすくなることがあります。

さらに、「チャムシップ」と呼ばれる、**仲間内の共通言語を重視する人間関係を構築し始めることがあり、こちらは女の子に多く見られます。**推しのアイドルが同じとか、好きな漫画が同じとか、そういったことが重視され、漫画のキャラクターの口ぐせを言い合ったり、秘密の共有をしたりして、仲を深めていきます。

成長過程のうち、**仲間との一体感を学ぶ時期は、どうしても排他的になって仲間内での言葉づかいや行動が優先されがちなのです。**この点を理解しておくだけでも、広い心で受け止められるようになるかもしれません。

もちろん目に余る場合には、適切な態度や言葉づかいを教えていかなければなりません。そのときは、子どもの汚い言葉に反射的に反応するのではなく、**なぜこういう態度を取るのだろうかと、理由を考えることから始めてください。**

もしかしたら、学校で何かトラブルを抱えているのかもしれない。何か不安を感じているのかもしれない。心の中にあるモヤモヤが、よくない態度や言葉づかいとして表出している可能性もあるのです。

「その態度は何なの?」「そんな言葉づかいはやめなさい!」と叱ったところで、裏側にある理由にはたどり着けません。叱られるとより一層、話したくなくなって、なおさら言葉や態度が強くなる……という悪循環に陥ってしまいます。

子どものレジリエンスを育むには、保護者側の心のコントロール、とくにアンガーマネジメントがとても重要です。子どものイライラにイライラで対抗するのは、まったく建設的ではないですよね。自分だってきっと、嫌な気持ちになるはずです。

怒りの感情がわいてくること自体は自然で、悪いことではありません。**肝心(かんじん)なのは、怒りの「感情」と怒りの「表現」を、分けて考えること。**

怒りの感情をダイレクトにぶつけることには、何のメリットもありません。だから、感情を表に出す前に、いったん立ち止まってみてほしいのです。

保護者は無意識のうちに、「自分は子どもよりも立場が上だから、子どもに対して感情的になっても構わない」と思い込んでいることが多いです。でも、子どもだってひとりの人間。成長途中にありますから、守ったり、導いたりしてあげなくてはいけないけれど、意のままに操っていい存在ではありません。

怒りの感情をぶつけるのは、その先に「子どもを思いどおりにしたい」という思いがあるからではないでしょうか。

たとえば、職場で上司に腹が立ったとき、怒りをそのままぶつけることはしないでしょう。上司の前ではグッとのみ込めるのに、子どもに対してそれをしないのは、多少なりとも子どもを尊重しない気持ちが潜んでいるからではないでしょうか。

子どもの汚い言葉づかいやよくない態度を、感情的に叱るのではなく、家族の問題としてとらえて冷静に解決しようとする。そんな保護者の姿勢を見せることが、子どもにとっての武器になっていきます。

ポジティブな感情を思う存分共有しよう

子どもに何か問題が発生したときにサポートするだけでなく、日々密にコミュニケーションを取って、さまざまな感情や出来事を共有することで、親子の親密性は高まっていきます。**そしてその共有した経験は、安心・安全を感じる土台となって、子どものレジリエンスを支えていきます。**

ここで気をつけたいのは、いわゆる「友だち親子」の関係性についてです。人対人のコミュニケーションという意味では、子どもと保護者は対等であるべきですが、何かあったときに保護者は子どもを守ってあげる必要があり、それは友だち同士だと限界があります。**保護者は〝子どもを保護する立場〟という社会的役割をきちんと自覚して、親子関係を築くことが大切です。**

本来、保護者は子どもを守り、支え、導きながら自身の社会的役割を身につけていきます。でも、友だちのような関係性になってしまうと保護者自身の成長が止まってしまいます。これは、子どもにとっても保護者にとってもよくありません。

また、子どもといろいろな感情を共有するのが大切とはいえ、自分が抱いたネガティブな感情を、何でも愚痴や悪口として子どもとシェアすることは避けましょう。それは、保護者が自分でコントロールできていない感情を、子どもにも背負わせて楽になろうとしているだけだからです。

保護者はあくまで、子どものストレス因子をなるべく取り除き、安心・安全な環境づくりを手伝ってあげる存在。だからなるべく、「うれしい！」「楽しい！」といったポジティブな体験や感情を共有しましょう。

でも、親だっていつも完璧ではいられません。もしあなたが何か問題を抱えていて、それを子どもに知られてしまったときは、どのような方法で解決するのか見せてあげるといいでしょう。大人が冷静に、建設的にトラブルを解決していくプロセスを見ることは、子どもにとって大きな学びとなるはずです。

チームメンバーの一員として、家族みんなでルールを決める

ここまで、保護者は子どもの安心・安全を担保すべき存在で、家族は共同体だという話をしてきました。

家族を共同体として運営するためには、みんなが好き勝手に振る舞うのではなく、共通のルールを決めて全員でそれを守っていくことが大切です。

社会には法律が、学校には校則があるように、**家庭内でのルールを掲げることで、共同体としての一体感が増していくのです。**

では、ルールはどうやって決めたらいいでしょう。家庭の中でトップにいる人が決めるべきでしょうか。

結論から言うと、**家庭のルールは家族みんなで決める。**これが鉄則です。

なぜなら、家族はみんな平等に支え合っていて、いざというときに助け合うチームだからです。誰かひとりが強い権力を持って、トップに君臨するようなチームではありません。お互い納得したうえで決めたルールなら、反発も起きにくいですし、そう簡単には破りません。ルールづくりで必要不可欠なのは、対話です。

たとえば、子どもが一日のうち何時間までスマホを使っていいかを決めるとしましょう。子どもはきっと、3時間とか5時間とか、長い時間を主張してくるはずです。その気持ちはわかるけれど、現実としてそれは適切ではない。そんなふうに保護者が判断したのなら、子どもが納得する理由をしっかり示して、対話をするのです。

5時間もスマホに時間をかけたら、食事や睡眠、勉強をする時間が取れなくなって、生活が乱れてしまう。学校の勉強についていけなくなってしまう。視力や姿勢の悪化を招き、健康を害してしまう。

こうしたデメリットを伝えたうえで、何時間までならいいのかを、辛抱強く一緒に考えていきましょう。

子どもは「こうしたい」という気持ちばかりが先行して、冷静に物事を考えられなくなっていることがあります。そんなときに建設的にわかりやすく説得をするのは、保護者の役目です。

もし、「どうしても5時間必要だ」というのならば、どうやって勉強時間を捻出するのか、しっかり睡眠を取るためにはどうするのか……など、デメリットをなくすためにしなければいけないことを挙げていって、粘り強く交渉を続けます。

子どもの意見はしっかりと聞くべきだけれど、すべてにＯＫを出す必要はありません。あくまでも話し合って折り合いをつけていくのがルールづくりなのだと、子どもに理解させることも必要です。

こうしてルールづくりをする過程でも、共同体としての強さは育まれていきます。

何でも家族で一緒に考えるクセがつけば、何か困ったことが起きたときにも、一緒に

解決できる共同体でいられます。

アニメ『クレヨンしんちゃん』の映画では、野原家は毎回大きなトラブルに見舞われますが、そのたびに団結し、心を一つにして家族一丸となって解決していますよね。目指したいのは、そんなチーム感です。

子どもにとって、家族との民主主義的な対話は、大きくなってから社会に出る準備としても機能します。

ルールづくりで自分の意見を通すのは、いわばプレゼンのようなものです。「こういうことがしたい。その理由はこうで、実現するためにこういうことを頑張ります」と、説明して、自分で勝ち取っていくのです。

思いを言語化して、自分のやりたいことが実現できたなら、その経験は「自己調整感」を育むことにもつながります。

家庭は小さな社会。そんなふうに考えて、子どもとの対話を楽しんでください。

こんなときは
こうしよう

ルールを破ったときは、必ずペナルティを科す

「ゲームは1日1時間まで」「17時までには帰宅する」「お年玉で買っていいのは、おもちゃ一つだけ」……。せっかく家族で相談してルールを決めたのに、子どもがそれを守らないケースも出てきます。

大人だって多かれ少なかれ、ルールを破ることがありますから、重箱の隅をつつくように、一分一秒をうるさく取り締まるのは賛成しません。

とはいえ、一度納得したうえで決めたルールです。守れない場合には、何かしらのペナルティを科すことをあらかじめ話しておくとよいでしょう。違反したときのルールを決めておくのです。それに子どもが不服を示すのなら、ルールづくりの時点で話し合いが不十分だったのかもしれません。

親の要求ばかりを押し付けていないでしょうか。ルールを守らない場合のデメリットを子どもがきちんと理解しているでしょうか。

もう一度よく話し合って、その点をクリアにしていきましょう。

忘れてはいけないのは、子どもにだけペナルティを与えるのではなく、大人であってもルール違反をしたら等しくペナルティを受けることです。休日でも朝7時半までに起きる、守れなかったら朝ごはんの食器をみんなの分も洗うなど、ルールとペナルティは子どもも大人も同じように扱わないと、不公平感が生まれてルールを守ろうという気持ちが薄くなってしまいます。必ずしも同じルールである必要はありませんが、「大人だけ、ずるい!」とならないように、気をつけましょう。

また、一度決めたからといって、同じルールをずっと適用し続けるのは無理があります。**年齢、環境、時代などの変化に合わせて、その都度みんなで対話をして、新しいルールにアップデートしていけるとベストです。**

「○年生になったら、1日1時間半、ゲームをしてもいいよ」など、少し先のことを約束するのも、いまのルールを守る動機づけになるかもしれません。

こんなときは
こうしよう

ほかの家と比較されたら、「うちはうち」のスタンスで

「○○ちゃんの家は門限が19時なのに、どうしてうちは17時なの?」「みんな5000円以上おこづかいをもらっているのに、どうしてうちは3000円なの?」など、子どもがほかの家の話を持ち出して、ルール変更を主張するケースはめずらしくありません。

とくに、小学校中学年〜高学年を迎えて、ギャングエイジと呼ばれる仲間優先の年頃に入ると、その傾向は強くなっていくでしょう。

こういうときは「うちはうち、よそはよそ」のスタンスを貫いてOKです。なぜなら、わが家のルールはいろいろなメリット・デメリットを想定したうえで決めた、根拠のあるものだからです。

子どもが比較に出してきた友だちの家では、特別な理由もなく門限を決めているかもしれません。５０００円のおこづかいには、その家だけの何らかの理由があるのかもしれません。**友だちの家とわが家は別の共同体で、それぞれに独自のルールがあるということを、しっかり説明するのです。**

アメリカと日本で法律が違うように、Ａ中学校とＢ中学校で校則が違うように、友だちの家ではＯＫなルールも、わが家ではＮＧなことがあるということを理解してもらいましょう。

「うちのまわりは街灯が少ないから、○○ちゃんの家と同じように門限を19時にしたら、不審者におそわれてしまう危険性があるんだよ」

そうしたことを子どもときちんと話し合って、わが家のルールをしっかり理解させてください。

もし、よく話し合ったうえでルールを変更しても支障がないと判断したら、柔軟に応じる姿勢も持っていてくださいね。

こんなときは
こうしよう

家族会議に参加しない人には存在意義を伝えよう

ルールを決めるときも、ピンチを乗り越えるときも、家族会議を開いて、家族みんなで話し合いましょう。

でも、家庭によっては誰かが積極的に家族会議に参加してくれず、全員がそろわないままに進めなくてはいけない状況があるかもしれません。

家族会議に出ないで、「全部任せたよ」とか「好きにやって」と片方の保護者に丸投げしたり、そもそも関心を示さなかったりするのは、共同体を構成する一員としての責任を放棄しているようなものです。

どんなに忙しくても、家族の一員であることに変わりはないし、はなから参加する意思がないのはちょっと考えもの。

そんなときは、家族会議に参加することにどんな意義があるのかを、まずは伝えてみてください。子どもにとって保護者の存在がどれだけ大切なのか。みんなでルールを決めて共同体を運営することが、子どもや家族をどれだけ成長させるのか、ていねいに伝えてみるのです。

子どもが小さいうちは、共同体をつくれるのは保護者だけです。**子どもと共同体でいられるのは、子どもが子どもである時期だけなのです。**

これだけ伝えて、それでも参加する意思を見せないのなら、もはや手のほどこしようがありませんが、何もせずにあきらめるのではなく、その手前で何かできることがないかを考えて、行動を起こしましょう。

もしかしたら、パパ（ママ）は、自分自身の存在や行動が子どもの人生に大きな影響を与えていることを知らないのかもしれません。**もし結果が出なくても、伝える努力をする姿を子どもは見ています。**それだけでも、きっと意味があるはずです。

どんどん経験させて、「失敗」と「決定」の練習を積ませる

家族会議に子どもが参加して、共同体の一員として思いを話したり、何かを決めたりする経験を重ねることは、自尊感情を高めるのにとても有効です。

第1章で、自尊感情を高めるには成功体験が大切だとお話ししましたが、「決定」の練習をしながら、「失敗」をすることもまた、重要なことなのです。

自分で責任を持って考え、自分で決定して、それがうまくいくと達成感が得られて自己有用感が増します。もしうまくいかなかった場合は、そこからどうすれば立ち直れるか、どうやってリカバリーしたらいいのかを学ぶ機会になるのです。

肝心なのは、**けっしてたったひとりで失敗した経験にはならないこと。**誰かと一緒に失敗するのなら怖くないし、次のステップをみんなで考えることができます。

むしろ、失敗が多いほうが考える機会も多くなって、心も頭も柔軟になっていくでしょう。

自分で選択をして、失敗をして、解決をする。そんな危機を乗り越える体験をすれば、何か別の危機に遭遇しても、それを乗り越えられない問題だとは考えず、「なんとかなる」と思うことができる。そういう感覚は、多少の失敗やチャレンジがなければ育ちません。

大人でも自分の選択や責任を回避するために、決断や意見を述べることを避け、決めてくれる他者に依存する人がいます。

物事を自分で決めた機会が少ないと、避けて通りたい、誰かに決定をゆだねたい、自分には何かを決定する資格がない、そんなふうに考えてしまうのです。

最近よく耳にする「毒親（どくおや）」の中には、何から何まで子どものことをすべて自分が決め、そのとおりの道を歩かせようとする過干渉な親などが含まれるそうです。そういった子どもの決定権や経験を奪う過干渉が「できる」感覚を奪ってしまう可能性は否めません。

ついつい子どもを導いてあげたくなってしまう、つまずかないように目の前にある小石を取り除いてあげたくなってしまう気持ちは、よくわかります。

おそるおそる見守るよりも、自分が決めたとおりに進んでくれたほうが、気が楽なことも確かです。自分が叶えられなかったことを、子どもにやらせてあげたいと願う保護者もいるかもしれません。

でも、子どもの人生は子どものものです。

さじ加減はとてもむずかしいですが、「かわいい子には旅をさせよ」の精神で、自分で決める機会を大切にしてあげてください。

誰かが決めたことに従うのではなく、自分で考えて行動するクセがつけば、チャレンジ精神が自然と身についてくるでしょう。

いつまでも保護者が支え続けることはできませんし、時代の激しい変化には保護者よりも子どものほうが、適応しやすいこともあるはずです。

子どもの自立を促すためにも、つねにサポートできる体制を整えつつ、ぜひ自分で考えて行動できるような旅をさせてください。

安心・安全な共同体から旅に出た子どもは、失敗を糧にして成長できるのです。

こんなときは
こうしよう

何度言ってもやらないときは一緒にプランニングする

夏休みの宿題や、散らかった部屋の掃除、習い事の練習など、やらなくてはいけないことがあるにもかかわらず子どもが一向に手をつけないために、しびれを切らしてすべきことを用意してしまうことはないでしょうか。

手をつけないことに理由なんてなくて、やりたくないものはやりたくない。これは大人も同じなのですが、子どもは大人と比べて、先を見通す力があまり強くありません。そこで、保護者が補って一緒に先を見るのがおすすめです。

夏休みの宿題だとしたら、ぎりぎりのタイミングではなく、早めに取り組んでおくとどんなメリットがあるのか、もし早めに手をつけておかなかったら、どんなデメリットがあるのかを、建設的に伝えるのです。

大人は夏休みの最後に慌ててやることになるとわかりきっていても、子どもは「遊びたい」が勝って、冷静に考えられていないこともあります。

「全部でこれだけの量があるね。1日1ページでは終わらないから、1日3ページやれば休みの間にちゃんと終わるね」

こういった、終了までのプランも一緒に立ててあげるとよいでしょう。

もし「今日だけは遊びたい」と子どもが主張したなら、明日から1日何ページやるのかをルールとして決めて、やらなかった場合のペナルティも設定しておく。

子どもにとっても親に対する交渉の練習になって、考える力が身につきます。

1日これぐらいやったら、これぐらいには終わるとわかる練習は、把握可能感、処理可能感を高めるうえでも重要です。

見通しを一緒に立てることは、共同体感覚を育てるよい機会になるでしょう。

こんなときは
こうしよう

望んで始めたことを「やめたい」と言い出したら、選択肢を一緒に考える

「ダンスを習いたい」「プログラミング教室に通いたい」など、子どもが自分でやりたいと言い出した習い事などを、途中でやめたいと主張するのは、よくあることです。

そんなとき、せっかく道具をそろえたのにとか、○カ月分の月謝を払ったのに……と金銭的な損失を気にしてしまいがちですが、**なぜやめたいのかをまず聞いてみないことには始まりません。**

これ以上は続けられないと納得できる理由を、子ども自身が言葉にできること。その経験が子どもの成長につながります。

そこでもし、やめたいと思わせる何かしらのストレスがあるのなら、それを取り除けないか、**やめるという選択以外はないかを一緒に考える**のも、保護者の役割です。

たとえば、ダンス教室の同じクラスにどうしても合わない子がいる。それがやめたい理由なのであれば、もしかしたら別の曜日のクラスに変えれば続けたくなるかもしれない。先生に相談して対策を考えてもらうことや、別の教室へ通う選択をすることができるかもしれません。

悩みの中にいるとどうしても視野が狭くなり、極端な選択しか思いつかなくなってしまいがちです。

そこを保護者がフォローして、最善策を検討してみてください。

そのうえで、最終的にやめる決断をしたのなら、現実的なことをたんたんと伝え、この先のことを話しておくことも大切です。

「道具をそろえたり、月謝を払ったりするのに、このくらいのお金がかかったんだよ。だから、次に別の習い事を始めるときには、またこれくらいのお金がかかることは知っておいてね」といったことを示すのも、子どもに責任ある選択をさせるうえではけっして悪いことではないと思います。

こんなときは
こうしよう

ペットを飼いたいと言われたらルールづくりを徹底する

「ペットを飼いたい！　ちゃんとお世話するから！」と子どもにせがまれて迎えたペット。でも、結局世話をしているのは保護者だけ……。

そうなってしまうのは、最初にルールづくりをしていないことに原因があります。

ペットには命があって、世話をしないことは命に関わってきますから、きちんと話し合って、**誰が・いつ・何を担当するかを細かく決めておく**必要があります。

家族それぞれに苦手なことや、時間の制約などがあるでしょうから、**できることとできないことを洗い出し、一緒にすり合わせていきましょう**。自分に何ができて、何ができないのかを、子どもは把握しきれていないことがあるからです。

毎日決まった時間に、適量のエサを用意するのはむずかしいけれど、近所を散歩させることならできる。帰宅が遅いから散歩はできないけれど、朝にペットのトイレを掃除することはできる。

家族みんなのできることとできないことをリストアップしていき、**役割分担とルールを全員で共有しておくことが大切です。**

飼いたいあまりに、「自分が全部やるから！」と子どもは大風呂敷を広げてしまいがちですが、本当にできるのかを家族会議で冷静に話し合いましょう。その結果、まだ飼えないという判断をすることがあってもいいのです。

その場合は、**飼えない理由は何なのか、何をクリアすれば飼えるようになるのかを考えておきましょう。**

「中学生になって、ひとりで散歩に連れていけるようになったら飼おうね」など、どうすれば飼えるのかがわかっていれば、いったん飼わない判断をしたとしても、その後に希望が持てるはずです。

こんなときは
こうしよう

失敗は当事者として考えさせるチャンス

友だちの家に遊びに行って、机の上にあったプラモデルを壊してしまった。借りていたゲーム機を落として壊してしまった。そんなピンチに遭遇したとき、保護者はどう対応すればいいでしょうか。

まずは、壊してしまった理由をていねいに子どもに聞くことです。故意に壊したのと、偶然壊してしまったのとでは、大きな差があります。とはいえ、どちらにせよ、壊れてしまったことは受け入れ、どうするか考えねばなりません。

ここで「謝りに行こう」と親が先に促すのではなく、本人に「どうしたらいいと思う?」と尋ねましょう。「謝らなきゃいけない」と思っているのなら、いつ、どう謝るのがいいかを一緒に考えたり、謝るときに保護者についていきてほしいかを聞いてみたりします。**あくまで主体は子ども、保護者はサポート側にまわる意思を見せます。**

困ったときに保護者が助けてくれるという安心感は必要ですが、**何でもかんでも保護者が後始末をするのは、子どもから当事者意識を奪うことにつながります。**親が謝ってくれればＯＫ、親同士で解決してもらえばＯＫと子どもが思ってしまわないようにしましょう。

ここでもやはり、自分で考えさせることを大切にしてください。

失敗は誰にだってあることです。**それをどう解決に導くのか、保護者からヒントをもらいながらでも、まずは自分なりに考えてみる。**それがもし間違ったやり方だったら、保護者が軌道修正を手伝う。子どもをひとりにすることなく、寄り添い、ひとりで考えさせるのです。その経験は、成長の糧となるでしょう。

解決ができてもできなくても、子どものチャレンジを認めて、このプロセスをほめてあげてくださいね。

子どものサードプレイスは、どんなものでも絶対に否定しない

小学校3～4年生頃になると、仲のよい友だちグループ内で同じ行動や遊びをして、自分たちだけの世界観を持つようになる「ギャングエイジ」期に突入すると前述しました（52ページ参照）。

この頃の子どもは、所属意識をとても大切にします。

多くの子どもが、家庭と学校の2カ所を所属場所の軸にしていますが、たとえば学校でいじめられていたとしたら、自分の世界の半分で所属意識を否定されたことになります。もし、家庭でも保護者とうまくいかなくて、家が自分の居場所でないと感じていたとしたら、所属場所をすべて失ってしまいます。

少し話が重くなりますが、所属意識の減弱が自殺願望に影響すると言われています。安心できる居場所がなく、自分はひとりぼっちだと感じてしまうからです。だからこそ、居心地のよい安心・安全な居場所をたくさん持っておくことは、とても重要です。

家庭と学校だけでは、何かトラブルがあったら一気に居場所が減ってしまいます。そんなとき、それ以外に第3の居場所・**サードプレイスがあれば、もし一つの居場所を失ったとしても「自分にはまだほかにも居場所がある」という心の余裕が生まれて、前向きに考えることができるのです。**

祖父母の家、習い事の教室、親しい近所の家、塾や学童施設など、子ども自身が所属意識を持てる場所であれば、どこでも構いません。

保護者としてはなるべく目が行き届く場所だと安心かもしれませんが、子どもによっては、**SNSなどインターネット上での密な交流を居場所と考えるケースもあります。**

顔見知りでない相手だからこそ本音で話せることもありますから、子どもの所属場所をきちんと調べないまま、安易に取り上げたり、否定したりするのはやめましょう。

こんなときは
こうしよう

友だちが少ないことを悪だと決めつけない

友だちと遊ばずに、ひとりでゲームをしている様子を見ると、保護者としては少し心配になるかもしれません。

しかし、インターネットを通じてゲームの中でつながりを持って、多くの友だちを持っている可能性もあるでしょう。

保護者は、目に見えて友だちが多いと何となく安心しがちですが、**子ども自身が友だちを欲しがっているのかどうかも、大きなポイントです。**自分の子ども時代を振返ったり、まわりの子どもを見たりして、友だちが多いことを「ふつう」と思っていませんか？

みんなでワイワイ遊ぶよりも、ひとりで集中して本を読んだり、プラモデルを組み立てたり、絵を描いたりするほうが楽しいと思う子どももいるのです。**自分の「ふつう」を押し付けていないか、〝友だちはたくさんいるべき〟と、「べき思考」になっていないか、振り返ってみましょう。**

ゲーム内であっても、**コミュニケーションがしっかり取れているのなら、立派な友だちです。**クラスの友だちと外で一緒に遊ぶのではなく、ゲーム内で集合していることも否定できませんから、過剰な心配は不要です。むしろ、子どもにとってのサードプレイスを取り上げてしまうことになりかねません。

どうしても子どもがゲーム内での交流について隠すときは、「誰とやっているの？」としつこく聞くのではなく、「どんなゲームなの？」「どんなところがおもしろいの？」と、ゲームの内容について質問してみてください。

子どもは、自分が好きなことなら喜んで話してくれます。こんなふうに子どもとのコミュニケーションを繰り返していけば、自然と自分からいろいろな情報を話してくれるかもしれません。

こんなときは
こうしよう

外で遊んでばかりで不在がちなら、ルールの見直しを

友だちがいなくても心配だし、友だちと遊んでばかりというのも心配……。親はいつでも、子どものことが気にかかるものですよね。

どこで遊んでいるのかをきちんと把握したうえで、ある程度は仕方ないと大目に見る心の余裕も必要です。

楽しく遊べる居場所があることは、子どもにとって悪いことではありません。

ただ、帰宅が極端に遅くなったり、連絡もなしに外食をしたりと、よくない行動が目についてきたら、ルールをつくる、もしくはルールを見直す必要があるでしょう。

たとえば、門限を決めるのなら、「わが家はいつも19時から夕食だから、17時半ま

では帰宅して配膳を手伝ってね」とか、「夕食前には宿題を終えてほしいから17時までには帰宅してね」など、**根拠を提示しながら建設的な話し合いをします。**

すでにあるルールを守っていないのなら、どうして守れないのか、守らないとどんなデメリットがあるのか、守らなかった場合のペナルティなどを、もう一度話し合って、ルールを再設定しなければいけません。

このとき、子どもが「どうしてうちだけ門限が17時なの？」などの不満を漏らすかもしれません。そんなときは、**帰り道の危険性や、家の手伝いをしてほしいといった理由をしっかり示して、よその家と自分の家のルールは違うのだと伝えるようにしましょう。**

間違っても、「もう遊びに行ってはダメだよ！」など、強引に行動を禁止するのはやめてください。

これならOK、これはNGと、家庭でのルールづくりがちゃんとできれば、安心して送り出すことができるはずです。

家庭内での対話の積み重ねが、社会性を養う練習になる

家庭内のルールづくりをするときも、何かトラブルが起きて解決策を考えるときも、子どもを排除して大人だけで決めてしまうのは、おすすめしません。**子どもを家族という共同体のメンバーと考えて、力を合わせる経験を積ませてあげてください。**

ただ、子どもはときに突拍子もない意見を主張したり、自分本位のルールを押し通そうとしたりするでしょう。子どもはまだ社会経験が乏しく、視野が狭い部分もありますので当然です。

そんなときは大人がしっかりと、何がおかしいのか、どこが間違っているのかをていねいに伝えることが大切です。

もし、子どもがみんなで決めたルールを破ったなら、あらためて話し合って、何のためにルールがあるのかを一緒に再確認しましょう。

子どもが嘘をついてまでルールを破るのなら、嘘の裏に何かトラブルはないか、冷静に対話をして聞いてあげてください。そのうえで、ルール違反をした場合のペナルティをルール化して、守れるように努力させることが必要です。

耳の痛い話ですが、大人だってルールを破ることはあります。

「大人もルールを守っていなかったんだから、僕だって守らなくていいよね？」と、文句を言ってくることがあるかもしれません。そんなときは、**まず保護者自身がルール違反を素直に謝罪して、きちんとペナルティを受ける姿を見せましょう。**

また、保護者がルールを破ったからといって、自分が破っていいわけではない。それとこれとは別だということをきちんと説明しないといけません。

子どもは大人と建設的な対話を重ねれば重ねるほど、この先の人生で必要な社会性や対話力を身につけていきます。その力は子ども自身の大きな武器となり、レジリエンスを育むことを助けてくれるはずです。

第3章

「できない」が
「できる」に変わる
魔法の声かけ

「どうせできない」と思い込む子は、色メガネをかけている？

突然ですが、ここで一つ質問です。昔ばなしの「桃太郎」に出てくる鬼は、悪者だと思いますか？

桃太郎やおじいさん、おばあさん、村人たちから見るともちろん悪者です。でも、退治された鬼の家族から見たら、桃太郎のほうが悪者ですよね。

こんなふうに見方を変えると、同じ物語でも印象は大きく変化するのです。

「鬼は悪者である」と考えるのと同じように、「校長先生はえらい」とか、「北海道は広い」など、**モノや人、現象などを何であるか判断したり、解釈したりすることを、「認知」**と言います。

鬼の家族から見ると、鬼は悪者ではない。校長先生は学校の責任者ではあるけれど、別にえらい人ではない。アメリカ人から見たら、北海道はそこまで広くない。
認知の仕方は価値観や見る人の立場によって違いますし、その時々で変わるものですが、**ネガティブなときはネガティブな認知ばかりしたり、嫌いな人に対しては過度に悪い認知をしてしまいます。**こういう、うまくいきそうにない認知を「認知の偏り」と言ったりします。

とくに子どもはどうしても視野が狭くなりがちで、こうと思ったらそのようにしか見えなくなって、悩んだり、物事を否定的にとらえたりしてしまうことが多くなります。特定の「色メガネ」をかけて、世界を見ている状態になるのです。

そして、子ども時代に抱いた認知のクセは、成長過程で本人の価値観形成に大きく影響を与えます。

「世の中は自分に厳しいものだ」という色メガネをかけたまま成長したら、物事を悲観的にとらえるクセがつくでしょうし、ネガティブな未来ばかり思い描いてしまうかもしれません。

大切なのは、保護者が子どもの色メガネを外し、「世界はとても広くて、いろんな見方があるんだよ」と伝えてあげることです。

ほんの少し見方を変えるだけで、悩みが悩みでなくなったり、嫌いだった人を好きになったりすることもある。そのヒントを、保護者が子どもに与えるのです。

たとえば、子どもが「クラスメイトにあいさつを無視された。みんなに嫌われているんだ」と言ったとします。でも、本当に無視されたのでしょうか。相手は声が聞こえなかったのかもしれないし、体調が悪かったのかもしれません。それに、「みんな」と言っても本当に全員があいさつをしなかったのでしょうか。たったひとりのことなのに、そう思い込んでいるのかもしれません。あいさつを返されなかったことと、嫌われていることはイコールではありません。

こうした、子どもだけではどうしても偏った見方で考えてしまうことを、一つずつ一緒に考えて、視野を広げる手伝いをしてあげるのです。

次ページからは、子どもが（そして大人も）かけてしまいがちな色メガネのパターンを紹介します。まずはどんな認知の偏りがあるのかを知っていきましょう。

❶ 決めつけメガネ（感情的決めつけ）

根拠や証拠がないのに、感情ありきでネガティブな結論を引き出してしまう。

何度か失敗しただけなのに、不安や恐怖から「絶対にできない！」と決めつける。もう少し練習をしたり、コツがわかったりすれば、できるようになるかもしれないが、その可能性を自ら見えなくしてしまっている状態。

❷ どうせメガネ（選択的抽出）

よいこともたくさん起きているのに、ダメだったこと、悪いことに注意が向いて、それにとらわれてしまう。

練習試合では勝った経験があるにもかかわらず、大会では勝ったことがないから、はじめからあきらめてしまっている。ポジティブな経験や情報に目が向かず、挑戦する意欲を持てなくなってしまっている状態。

❸ 全否定メガネ（過度の一般化）

ささいなネガティブな出来事を大げさにとらえて、ポジティブな未来を全否定してしまう。

今回は勉強不足だっただけで、もっと頑張れば挽回できるかもしれないのに、一度よくない結果が出ただけで、すべてがダメなほうに進んでしまうと思い込んでしまっている状態。

④ 拡大縮小メガネ（拡大解釈と過小評価）

失敗などネガティブなことは大げさにとらえ、反対によくできたことは小さく考えて、自分を過小評価してしまう。

頑張った結果、達成できたことであるにもかかわらず、自信がなかったり、自分にはほめられる価値がないと思ったりして、素直に喜ぶことができていない状態。

❺ 見えすぎメガネ（自己非難、自己関連づけ）

本当は自分に関係のないことまで、自分のせいだと考えたり、ネガティブな出来事の原因を必要以上に自分に関連づけたりして、自分を責めてしまう。

チームメイトもミスをしていたにもかかわらず、自分のミスだけに目が向いてしまい、自分さえしっかりやっていれば勝てたはずなのに……と自分を非難している状態。

❻ 白黒メガネ（0か100か思考）

何事も白黒をつけないと気が済まず、物事を極端に考えるため、完璧を求めすぎてしまう。

親からしたらよい点数を取っているにもかかわらず、自分が思い込んでいる100％の成果を出せなかったことに対して自分を責めて、ポジティブな出来事もネガティブにとらえている状態。

❼ 予言メガネ（悲観的な予測、結論の飛躍）

小さな出来事でも否定的な予測をし、自分で行動を制限してしまって、よくない結果を招いてしまう。

先生が叱ったのは言葉づかいのことなのに、自分のすべてが否定されていると解釈して、勉強や運動を頑張っても認めてくれないだろうと思い込む。そして、努力そのものをあきらめてしまっている状態。

「本当にできないのか？」を一緒に検証し、色メガネを外そう

色メガネをかけてしまっていると、ふつうのことやポジティブなことさえ、ネガティブに見えてしまうことがあります。

ネガティブにしか考えられないのですから、挑戦する気持ちやあきらめない気持ち、期待や希望を抱けないのは、当然ですよね。

これは著しく、レジリエンスが低い状態だと言えます。

保護者が子どもにしてあげたいのは、色メガネをかけていない状態で見た事実を、事実として見せること。そして、**ほかの見方や可能性を一緒に探り、検証することです。**そうすると、子どもは、同じ出来事や人物に対して、「こんな見方ができるんだ！」「自分の思い込みは間違いだったかもしれない」と、気づけるのです。

❶ 決めつけメガネをかけているとき

証拠や根拠がないのに、感情に振り回され結論を決めつけてしまっているときは、そう考える証拠や根拠がどこにあるかを具体的に話していく必要があります。

たとえば、逆上がりができないなら「何回やってできなかったのかな？ 自転車に挑戦したときは、何十回も練習して、できるようになったよね。50回練習して、自転車に乗れるようになったのなら、逆上がりも50回練習すればできるかもしれないよ」といった感じで、具体的な話をしましょう。

ほかにも、練習の仕方を変えたらできるようになるのでは？ という可能性を探ることもできます。得意な人に教えてもらったり、YouTubeでコツを見てからやったりしたら、できるようになるかもしれません。

こんなふうに、**言っていることに根拠があるのか、感情と事実がごちゃ混ぜになっていないか、ほかの方法や可能性はないのかを一緒に検討してあげる**ことが大切です。

❷ どうせメガネをかけているとき

自分が関心と興味のあるものだけに目を向けて、ほかの可能性や事実をきちんと検討せずに、抽象的なまま結論づけるのが、どうせメガネの特徴です。

たとえば、10回中9回は相手と目が合っているのに、1回だけそらされたら「嫌われているんじゃないか」と思い込んでしまう。たった1回のネガティブを抽出して、とらわれている状態です。

この思い込みを捨てるには、**ほかに見逃している事実がないかを考え、書き出してみることです。**

子どもが習い事などで、去年の予選敗退に目が向いて「今年もどうせダメだ」と考えているのなら、「一昨年はどうだった?」「その前はどうだった?」「練習試合ではどうだった?」など、一つ一つ挙げていくのです。そうすると、「よい結果を見逃していた」「意外と悪くないかも」と思えるような材料が見つかるはずです。

やはり、**「視野を広げてあげること」を意識して、対話してみてください。**

❸ 全否定メガネをかけているとき

何か一つうまくいかないことがあると、すべてがダメだと思い込んでしまうのが、全否定メガネの特徴です。

ある一つのテストで成績がよくなかったことと、行きたい学校に合格できないことは直接の関連性がなく、希望を捨てる理由にはならないことを子どもに理解してもらう必要があります。

今回のテストがダメだったとしても、「本試験までにまだ半年もあるよ」「○カ月前のテストで80点ぐらい取れれば大丈夫だよ」「どんな問題が苦手かな？　克服するにはどうすればいいのかな？」といったことを一つ一つ一緒に考えながら、極端な思い込みを排除していきます。

「今回はたまたま点数が悪かっただけで、次はよくなるよ」という励ましは、全否定メガネにはあまり効きません。あくまで**具体的な根拠を示し、力づけていきましょう。**

❹ 拡大縮小メガネをかけているとき

うまくいかないことばかり強く覚えていて、うまくいったことは忘れる。ほめられてもお世辞だと思い、怒られたことには大きくショックを受ける。

こうした拡大解釈と過小評価をしてしまうのが、拡大縮小メガネです。

もし子どもが、せっかく試合に勝てたのに、謙遜ではなく「たまたまだ」と本気で思っているのなら、**勝つに至るまでの努力や過程を一つ一つ可視化して示してあげることが大切です。**

「弱点を克服するために、こんな練習をしたよね」「朝、早起きして、トレーニングをしたよね」など、この積み重ねがあったからこそ勝てたんだという事実を挙げていきましょう。

そうすることで、たまたまではなく努力のおかげだと認識でき、素直に勝利を喜ぶことができるようになります。

5 見えすぎメガネをかけているとき

見えすぎメガネをかけると、自分のことに注意がいきすぎて、何でも自分に責任があると思い込み、自分を責めたり、否定したりしがちです。

このメガネを外すには、**子どもが見えていない部分を見せて、どれだけ広い視野を持たせられるかが重要です。**

チーム競技で試合に負けて、「全部自分のせいだ」と言うのなら「負けにつながるようなプレーをどのくらいしたのかな？」「相手チームはどれくらい強かった？」と試合を一緒に振り返ります。選手だけではなく、監督の指導も勝敗には大きく影響するでしょう。相手がものすごく強いチームだった場合もあるはずです。

「○○にも少しは責任があるかもしれないけれど、それはチームメイト、監督も同じだし、環境も要因の一つ。だから、自分ばかりを責めなくていいいんだよ」と根拠を挙げて、そのことに気づかせてあげてください。

❻ 白黒メガネをかけているとき

あらゆる物事にはグレーがあり、10点も30点も70点もあるという認識を持たず、白か黒か、0か100かで判断してしまうのが、白黒メガネをかけたときの特徴です。

子どもが「90点だった。100点じゃなかったからダメだ」という極端な思考に陥ってしまっていたら、**これまでの過程を具体的に挙げながら、90点の価値を一緒に考えていくことが必要です。**

「○年生のときは70点くらいだったけど、成長しているよ」「前回つまずいてしまった文章問題を、今回は解けているよ」など、その90点をていねいに評価するのです。

努力や成長が、点数よりも価値あることであると、伝えてあげてください。

❼ 予言メガネをかけているとき

一つの出来事をきっかけに論理を飛躍させて、思い込みを根拠に未来を予測してしまうのが、予言メガネの困ったところです。

これもやはり、**その結論に至った根拠や道筋を検証することから始めましょう。**先生に叱られた＝嫌われているのなら、なぜ叱られたのかを考え、そこから「嫌われている」という結論以外にどんな可能性が枝分かれしているのかを探ります。

予言メガネをかけているときは、一本道でしか考えられない状態なのです。

よく「心配ごとの9割は起こらない」と言われます。過去に決めつけていたことが、実は間違いだったという例をいくつか示して、「それじゃあ、今回も違うかもね」と気づかせるのもよいでしょう。

しんどいときは視野が狭くなり、自分の考え以外は頭に入ってこないもの。柔軟に考えるための手助けをしてあげてください。

「できないこと」よりも「できていること」に注目する

子どもが悲観的になって挑戦を拒む心理の裏には、成功体験を積めていない、もしくは成功体験を思い出していない可能性があります。

そうならないように、ちょっとしたことでも、子どもが何か「できたこと」があったら、それを一つずつ言語化して、成功体験として経験させてあげてください。

「できないこと」よりも「できること」に意識を向けられれば、自信がついて悲観的に考えることは減っていくでしょう。

「できたこと」は、ささいなことで構いません。

新しくできたことでなく、すでにできていることでもいいのです。

「外から帰ってすぐに手を洗えたね」「ママに言われなくても、塾に行く準備ができたね」など、子どもはふだんの生活の中で、スモールステップを積み上げて成長しています。そこに、目を向けるのです。

そのためには、**保護者が子どもの行動や言動に対して、日々敏感でいる必要があります。** いつも気にしてくれていると子どもが思えるよう、日常的に伝えられるとよいですね。

いつも見守ってもらえていると感じるのは、子どもにとっての安心感につながりますし、何かよくないことがあっても、ふだんから見ていれば保護者がすぐに気づくことができます。忙しい毎日で子どもをずっと見ていることなんてできませんが、そういった視点を意識するだけで、気づけることはあるのです。

子どもの安心・安全な居場所を守るために、子どもに何かストレスがかかったとき、早めにその対処に協力してあげるのが保護者の役割です。何かあっても保護者がいるから大丈夫、保護者がピンチのときに自分を救ってくれる武器の一つなんだと思えることが、レジリエンスを育むうえで大切です。

できないことも、スモールステップで「できる」に近づく

何かに挑戦しても、すべてが成功するかと言ったらそんなことはありません。

そんなときは、「残念だったね」となぐさめるより、**挑戦の過程に目を向けて挑戦そのものを認めてあげることが大切です。**

できたことだけをほめていると、「できるようになること」や「ほめられること」が目的になってしまいがちですが、**失敗しても認めてもらえるとわかれば、子どもは挑戦することに恐怖を感じなくなり、自ら進んで挑戦するクセがつくでしょう。**

学校生活やクラブ活動の過程を実際に見られなくても、子どもに「どんなふうに練習したの？」とか「どこを頑張ったの？」など、どんな意識で取り組んだのかをインタビューしてみるのも一つの方法です。

子どもは保護者に話をしているうちに、自分が重ねた努力をあらためて認識でき、自己効力感を高めていけるはずです。

できるようになったことを、過程から分析していくのは、「拡大縮小メガネ」（96ページ参照）の対策にもなります。せっかくできたことも「たいしたことはない」と素直に喜べないのが「拡大縮小メガネ」ですが、結果につながった過程一つ一つに目を向ければ、根拠のある成功だと理解することができるのです。

結果は、ついつい誰かと比べてしまいがち。でも、過程はひとりひとり違うものですから、比べようがありません。**誰かと比べる相対評価ではなく、その子そのものを認める絶対評価を心がけてほしいのです。**

金メダルはもちろんすばらしい。でも、銀メダルも銅メダルも、表彰台に上がらなかったとしても、努力した過程は認められる価値があるものですよね。

もし子どもが「金メダルが取れなかった」となげいていても、そこまでの過程をほめることが大切です。

また、**挑戦の過程で目の前にあるハードルが高いと感じたなら、飛び越えるための踏み台を保護者がつくってあげるのも、よいと思います。**

たとえば、ものすごく人見知りで、自分からあいさつができない子がいたとしましょう。いきなり「自分からあいさつすること」を目標にすると少しハードルが高すぎるかもしれません。でも本人は「できるようになりたい」と思っている。

その思いの実現を、保護者が踏み台をつくって少しずつ段階的に、手助けしてあげるのです。

その一つが、一緒に練習をすること。まずは家族にあいさつをすることから始めて、次にあまり緊張せずに接することのできるおじいちゃんやおばあちゃん、学校や学童の先生などを相手にやってみます。そして、なかなか自分からはあいさつをしづらい相手へとステップを踏んで挑戦していくのです。

その過程でできるようになったことは、その都度、ほめてあげてください。**遠くの大きな目標よりも、近くの小さな目標を少しずつ達成していく。**これも、自己効力感を高める有効な方法です。

保護者が子どもよりも先に、その相手へ「おはようございます」と元気にあいさつをして、言いやすい雰囲気をつくるのも、踏み台の一つと言えるでしょう。

保護者が自分の目標達成のために手を貸してくれていることがわかると、子どもは安心感を抱き、それがレジリエンスの向上にもつながります。

ただし、そもそもその子があいさつをしたいと思っているかはわかりません。人見知りではなく、ふつうに他人との関わりが嫌いなのかもしれません。親が勝手に決めつけずに、本人の希望を加味したうえで進めていくことは忘れないでください。

すべてお膳立てをしてあげるのではなく、あくまで目標に近づくサポートを心がけましょう。バランスを意識して一歩ずつ、子どもと向き合いながら進んでいきましょう。

こんなときは
こうしよう

「頑張れ」ではなく「一緒に頑張ろう」と伝える

よかれと思ってつい口にする「頑張れ」は、子どもによっては、挑戦過程のプレッシャーになることがあります。

もちろん、モチベーションを上げる要素としてある程度のプレッシャーは必要です。それに、「応援してくれる人がいる」という事実は、共同体への所属意識を高めたり、一体感を生んだりすることも事実です。

ただ、うまくいっていないときに言われる「頑張れ」は、自己効力感を下げる可能性があることも、心に留めておきましょう。

おすすめなのは、「一緒に頑張ろう」と言い換えること。

一方的に頑張ることを課しているのではなくて、「共同体として手助けする準備があるんだよ」と伝えるのです。

ほんの少しの言葉の違いですが、子どもの心に与える影響は、まるで違います。

「一緒に頑張ろう」と伝えていれば、もし失敗してしまっても、自分ひとりの責任のように感じなくて済みますよね。「見えすぎメガネ」をかけて、自分ばかりを責めてしまうのを防ぐこともできます。

大切なのは、子どもに「ひとりぼっち」だと感じさせないこと。いつだって自分には味方がいて、どんな挑戦も一緒になって取り組んでくれる。

それは子どもの中で大きな武器として認識され、レジリエンスを育む重要なパーツとなるのです。

もし子どもへの接し方や、距離の取り方に迷ったら、**「自分は子どもにとっての武器になれているか？」を軸に考えてみると、答えが見えてくるかもしれません。**

ワーク

自分が持っている武器を一緒に探そう

何かよくないことがあったとき、あきらめたり、心が折れたりすることなく、立ち向かう心を保つためには、なるべく多くの武器を持っていることが重要です。

自分はいったいどんな武器を持っているのかを知っておくと、いざというときにきっと役立つはずです。

子どもだけで考えるのは大変ですから、保護者が一緒に確認していきましょう。

「武器探しシート」を参考に、「何でも話せる人や場所」「気を使わなくて済む、安心・安全な居場所」「得意なことや好きなこと、ストレス発散法」を、考えてみてください。

年齢や環境の変化に伴って変わるものですから、ぜひ定期的に更新しましょう。

武器探し（ぶきさが）シート❶

あなたにとって何（なん）でも話（はな）せる人（ひと）は？

- □ お母（かあ）さん
- □ お父（とう）さん
- □ お姉（ねえ）ちゃん
- □ お兄（にい）ちゃん
- □ 妹（いもうと）
- □ 弟（おとうと）
- □ 学校（がっこう）の先生（せんせい）
- □ 友（とも）だち
- □ おじいちゃん
- □ おばあちゃん
- □ 習（なら）い事（ごと）の先生（せんせい）
- □ SNSの友（とも）だち

武器探し(ぶきさが)シート❷

あなたにとって
気(き)を使(つか)わない場所(ばしょ)は？

- □ 自分(じぶん)の家(いえ)
- □ 自分(じぶん)の部屋(へや)
- □ おじいちゃん・おばあちゃんの家(いえ)
- □ 学校(がっこう)
- □ 保健室(ほけんしつ)
- □ 図書室(としょしつ)
- □ 習(なら)い事(ごと)の教室(きょうしつ)
- □ 公園(こうえん)
- □ 友(とも)だちの家(いえ)
- □ SNS
- □ ゲームの中(なか)

武器探しシート③

あなたにとって やると気分がよくなることは？

- [ ] 友だちと遊ぶ
- [ ] 運動
- [ ] ゲーム
- [ ] 勉強
- [ ] お風呂に入る
- [ ] たくさん寝る
- [ ] 絵を描く
- [ ] YouTubeを観る
- [ ] ごはんを食べる
- [ ] おやつを食べる

子どもの色メガネを外す作業は、親の色メガネを外すレッスン

先に紹介した、**認知の偏りを表す7つの色メガネは、子どもだけがかけているものではありません。**大人だって「〇〇に違いない」とか「うまくいくはずがない」とか、「どうせ〇〇だ」とか、物事をネガティブにとらえていることは多いのです。
むしろ、一つも色メガネをかけていない人などいないと思ったほうがよいかもしれません。

ですから、子どもと向き合って子どもの思考を解きほぐしながら、ぜひ保護者のあなたも自分の凝り固まった思考に目を向けてください。

子どもは一緒にすごす時間が長い保護者から、大きな影響を受けています。考え方や価値観もその一つ。**保護者がかけている色メガネを、自然と子どももかけやすくなってしまうのです。**

他者は、ただそこに存在するものではなく、自分との関わりによって存在しています。ということは、自分がその人をどんな色メガネをかけて見ているかによって、その人の印象は大きく変わるのです。

「この人は意地悪に違いない」「この人にはどうせ、言っても無駄」などと決めつけていることで、関係性がこじれているケースは、意外とたくさんあります。

実際、色メガネを外す努力をした結果、人間関係がよくなったり、コミュニケーションがスムーズになったりした例を、私はたくさん知っています。

まずは、**自分がかけている色メガネの存在に気づくこと**。そして、**子どもと一緒にそれを外す練習をしてみましょう**。少しずつではありますが、世界の見え方、他者の見え方が変わっていくはずです。

第4章

子どものありのままを受け入れるいちばん簡単な方法

まずは「そのままの自分」を受け入れる

子どもに大人気のディズニー映画『アナと雪の女王』で、エルサは、ありのままの自分を好きになってという内容の歌を歌っています。まさにこれが、レジリエンスを育む基礎の一つ、「自己受容」です。

ありのままの自分とは、たとえば「勉強ができる」「かけっこが速い」「妹や弟の面倒をよく見ている」といった、〝何かができる自分〟ではなく、長所や短所も含めた〝自分丸ごと〟を指します。

どんな自分も丸ごと受け入れて、大切にすること。
それが「自己受容」です。

そのためには、自分に目を向けて、自分のことを深く知る必要があります。

たとえば、誰かを好きになったら、その人のことをすごく知りたくなりますよね。そして、いろいろなコミュニケーションを取りながら、少しずつ知っていく。「この人はこういうときに幸せを感じるんだな」「こういうことがあると、しんどくなってしまうんだな」と、よく見ているからこそ、わかってくるのです。

でも、私たちはみんな、自分に対してはあまり目を向けていなくて、自分のことをあまり知りません。

「私は何を追い求めて生きているのか」「私は何があったら幸せなのか」。それがわかっていれば、誰に何と言われようと、ゆらぐことなく自分を信じていられます。

私たちが他人の言葉に過剰に反応したり、傷ついたり、流されたりしてしまうのは、自分のことをきちんと知らないからなのです。

誰かに何か言われても、ゆらがない。だって、自分が自分を認めていて、このままの自分でいいと思えるのだから。自分が自分を心地いいと思えるのだから。

自分の中に軸のような、どっしりとしたものがあると、他人の言葉に一喜一憂せず、ゆらがない自分でいられます。

この軸がまさに、「アイデンティティ」と呼ばれるものです。

多くの人が、他人の言葉によって自分の輪郭をつくりがちですが、そうではなく、自分の価値観に基づいた自分の言葉で、自分の輪郭を築いていく。それが正しいアイデンティティの形成です。

小学生くらいの子どもはまだ、アイデンティティの形成までは至らない年齢ではありますが、自分がどういう人間かを掘り下げて理解していく過程にいます。なかなか子ども自身では自分を知っていくのはむずかしいので、保護者が一緒に考えていくことが大切です。

ありのままの自分を好きでいられると、自分で自分を大切にしようという気持ちが生まれて、ピンチのときに誰かに助けを求めたり、頼ったりすることもできるようになります。

第1章で、レジリエンスはよく木にたとえられるという話をしました（38ページ参照）。木そのものの折れにくさや倒れにくさだけではなく、添え木やフェンスを立てて、折れにくくするのも大切な自分の守り方です。

自分ひとりだけで困難に立ち向かわなくてもいい。いろいろな困難がある人生の中では、他者に助けを求めて解決することも、重要な戦い方なのです。

自分のことが好きでいられないと、自分は助けを求めていい存在ではないと思い込んで、素直に他者へ頼ることができません。それに、何か失敗したときに、それだけで自分のことを嫌いになってしまう可能性もあります。

「自分は自分の一番の味方」。そう信じられると、失敗を恐れません。

だからこそ、子どものうちに保護者と一緒に自分を知り、自分を丸ごと受け入れて、自分を大切にする土台をつくっていきましょう。それがそのままレジリエンスを育む土台となり、子どもの大きな武器になっていくのです。

子どもの自尊感情を育てるために大切にしたいこと

ありのままの自分を好きになるには、自分をよく知ることに加えて、子どもにとって最も身近な存在である保護者から大切に扱われ、受け入れてもらう経験がとても重要です。

そうした経験を積み重ねて、**「自分は大切にされる価値がある存在だ」「安心を与えられる価値がある存在だ」と感じることができるようになって、自尊感情が育まれていくのです。**

子どもの自尊感情を育むために、保護者は何を意識すればいいのでしょうか。

一つは、**子どもが何かを決定する権利を奪わないこと。**自分自身の「こうするべき」を優先して、「ああしなさい」「こうしなさい」と子どもに押し付けてしまうのは、やめましょう。

守るべき存在ではあるけれど、子どもはひとりの自立した人間です。大人はみんな、子どもより大人の考えが正しいと思い込んでしまいがちですが、それが本当に正しいのかなんて、わかりようがありません。

誰かに迷惑をかける、誰かを傷つける、その子自身が傷ついてしまう……といった選択はもちろん止めなければなりませんが、そうではない場面で大人が行動を決めてしまうのは、子どもが尊重されていないのと同じこと。大人に尊重されなければ、子どもが自分のことを好きになるのは、むずかしいですよね。

選択の権利を尊重することで、子どもは「自分には選ぶ権利がある」と思えます。それをやった結果、物事をうまく進めることができたら、自分の能力に自信を持てるようにもなります。勝手に親がすべて決めてしまわずに、子どもの選択の機会を増やしてあげるようにしましょう。

2つめは、**感情に任せて怒鳴らないこと。**叱るとは、何かしらの意図があって、伝えるべきことを伝える行動ですが、そこに感情的な怒りを乗せる必要はありません。子どもを怖がらせて言うことを聞かせようという、支配意識がそこには生まれているのです。

子どもの間違いを指摘して正しいことを伝えたいのなら、その情報だけを提供すればいいのです。そこに怒りの感情を乗せてしまうのは、大人側の感情コントロールの失敗でしかありません。

頭にきたからといって、職場の上司に感情をぶつけたりしませんよね。大人相手にはやらないことを子どもに対してやってしまうのは、怒れば子どもがおとなしくなって、支配しやすいからとも言えます。

「しつけだから」「教育だから」と、都合のいい言葉に言い換えて子どもへ感情をぶつけていませんか？　それは子どものレジリエンスを育むチャンスを奪う行為なのだと思うようにしてみてください。**もしコントロールがうまくできず、感情に任せて怒ってしまったら、その失敗を子どもに対して謝るのを忘れないでください。**

3つめは、**非言語的コミュニケーションを大切にすること。**保護者はとにかく、子どもに対して安心感を与えてあげる。それにつきます。

子どもの性格や特性にもよりますが、言葉だけでは十分に愛情が伝わらないこともあります。ハグをしたり、話を聞いているときにしっかり相づちを打ったり、しっかりリアクションを示したり、スキンシップやボディランゲージをたくさん用いると、同じことを言っていてもより伝わりやすくなります。

また、**子どもの話はさえぎらずに最後まで聞くようにしましょう。**話の途中でカットインされて別の話を始められたら、大人だって尊重されていないように感じますよね。子どももそれは同じなのです。

お手伝いなど、ちょっとしたお願いごとをするのも、「自分が役に立てている」と感じることができるよい機会です。難易度が低いものから徐々にステップアップすれば、成功体験が積み重なって、自尊感情が大いに育まれるはずです。

ワーク

お互いの長所をリストアップしてみよう

レジリエンスを育むにも、その基礎となる自尊感情を育むにも、自分自身の現状を把握することがとても大切です。ここで言う現状とは、いまの自分にはどんな能力や資質、長所があるのかということです。

第3章で紹介した、自分の武器を探すワークに少し似ています（116ページ参照）。自分で自分にどんないいところがあるのかを、見つけていきましょう。

でも、なかなか自分のことはわかりづらいですから、133〜134ページのカードを1枚ずつ使って、一緒にお互いのいいところを書き合いっこしてみてください。きょうだい同士、おじいちゃんやおばあちゃんと、友だち同士でもOKです。「いいところ探しカード」の中から、あてはまるものに丸をつけてみましょう。

いいところ探しカード❶

＿＿＿＿＿＿＿のいいところを
探して○をつけよう！

やさしい　よく気がつく　おもしろい　明るい
元気　思いやりがある　誰とでも仲よし　友だちが多い
おだやか　嘘をつかない　まじめ　落ち着いている
しっかりしている　勇気がある　運動が好き　もの知り
頑張り屋　あきらめない　お掃除上手　絵が上手
勉強ができる　忘れものをしない　あいさつができる
お礼を言える　ごはんを全部食べる

ほかにもいいところがあれば書いてみよう

いいところ探しカード❷

__________のいいところを
探して○をつけよう！

やさしい　よく気がつく　おもしろい　明るい

元気　思いやりがある　誰とでも仲よし　友だちが多い

おだやか　嘘をつかない　まじめ　落ち着いている

しっかりしている　勇気がある　運動が好き　もの知り

頑張り屋　あきらめない　お掃除上手　絵が上手

勉強ができる　忘れものをしない　あいさつができる

お礼を言える　ごはんを全部食べる

ほかにもいいところがあれば書いてみよう

こんなときはこうしよう

長所は何度でも繰り返し伝えていく

子どもといいところを書き合って、「やさしい」とか「明るい」などと子どもをほめても、本人は「〇〇ちゃんのほうがやさしいよ」「〇〇くんのほうが元気で明るいよ」というふうに、他者と比較して、自分のよさを受け入れられない場合があるかもしれません。

そんなときには、「**誰かと比較してほめているんじゃないよ。私は、あなたはやさしいと思うよ**」と伝えてあげてください。

それでもしっくり来ていないようなら、次にその子のやさしさを感じる行動を見た際に「やさしいと感じたのは、こういう行動のことだよ」と具体的に繰り返し伝えてあげると、納得感が高まるでしょう。

やさしいとか、かわいいとか、まじめとか、ひと言で表す特徴であっても、そう感じる基準や価値観は人によって違います。

そのことを子どもにわかってもらえると、視野が広がります。「○○でなくちゃ、やさしいとは言えない」とか、「○○なのがかわいいってこと！」「僕は○○じゃないからまじめじゃない」などと決めつけている色メガネを、外すことにもつながるはずです。

母親だけ・父親だけではなく、**いろんな人とワークをしてみると、人によって自分に対する見方が違うことがわかったり、自分では思いもよらなかった長所を発見したりできて、より有意義なワークになると思います。**

いつもはケンカばかりでも、いいところを言い合うことで仲が深まったり、理解し合えたりとよい点が多いので、きょうだい同士でやってみるのもおすすめです。

小学校高学年くらいになると、自分ひとりでも長所を書き出すことができるようになりますから、自分でやらせてみてもよいでしょう。

そのときに、もしもあまり書き出すことができなかったとしたら、まだ自分のことをよく知らないのかもしれません。

そんなときは保護者が手を貸して、その子のよいところを〝見える化〟してあげてください。

そして、**「あなたは大切な存在だよ」「いつも私は味方だよ」と伝え続けてください。自分が大切にされ、尊重されていることがわかれば、少しずつ自分に目を向けることができるようになり、自分のよい部分も見えてきます。**

自覚している長所の数はそれほど重要ではありません。きちんと自分と向き合えているか、自分を大切に思えているかが、肝心です。

子どもの味方であることを示しつつ、対話を重ねて、自尊感情を高めるサポートをしていきましょう。

感情に名前をつけると、自己コントロールがしやすくなる

うまく言葉にできないけれど、何となく不安……。よくわからないけれど、何だかイライラしている……。

子どもは自分の感情を上手に言語化することができないので、感情とうまくつきあえず、不安定になってしまうことがあります。

保護者が理由を尋ねても、「別に」とか「わかんない」といった答えが返ってきて、どうしてあげればいいのか、戸惑うことは多いのではないでしょうか。

感情を言語化して自分の感情を把握できれば、自分で自分をコントロールできているという「自己コントロール感」が生まれます。

「私はこういうことがあると怒りが出てしまう」「僕はこういうときに悲しくなる」

といったことがわかっていると、同じような状況に陥ったときに、対策を立てたり、感情を和らげる工夫をしたりすることができます。そうすると、自己効力感が高まって、レジリエンスを育むことにもつながるのです。

おすすめなのは、感情に名前をつけてみること。私は「感情のラベリング」と呼んでいます。これは、自分のことをよく知る方法の一つです。

たとえば、「何となく不安」と思ったとき、その感情を分析してみます。

不安の背景にあるのは何なのか、なぜ不安に思うのか。「試合に勝てないかもしれない」という不安だったら、練習不足やチームメイトとの不和、相手チームが強豪である、エースが怪我をしていて出場できない……など、根底にはいろいろな原因が考えられますよね。

原因によって、漠然とした不安には、「恐怖」だったり、「悲しみ」だったり、「あきらめ」だったり、「プレッシャー」だったり、具体的な感情の名前がつけられるわけです。

どんな感情かがわかれば、対処法が見えてきますよね。

練習不足でコートに立つことに恐怖を感じているのなら、納得できるまで練習する。チームメイトとうまくいっていなくて悲しいのなら、仲直りする方法を考える。相手チームが強いことがわかっていて、あきらめの気持ちがあるのなら、「勝てないとしても〇点は取ろう」とか「守備の力をつける機会にしよう」と気持ちを切り替える。エース不在で自分に負担がかかりそうなら、チームメンバーに頼ってみる。

こうした対策ができるようになるのです。

名前をつけてみた結果、「考えても仕方のないようなことだった」ということもあるでしょう。そういうときは、**「自分ではどうにもならないんだから、気楽に考えて身を任せよう」と、不安やイライラを手放してしまえばいい。**

とくに不安は未知から来ると言われています。**感情を分析し、名前をつけて対策を考えたり、恐れても仕方ないと思えたりするだけで、不安を減らすことができます。**

基本的には、ネガティブな感情をラベリングすることにメリットがありますが、場合によってはポジティブな感情に名前をつけてもよいでしょう。**どんなときに自分はワクワクするのか、何をしているときに幸せを感じるのか。何となくハッピーだなと思った瞬間を分析して、具体的に言語化するのです。**

そうすると、何か嫌なことが起きたとしても、自分で自分をハッピーにしてストレス発散ができますよね。

よく、「自分の機嫌を取るのは自分自身だ」と言いますが、自己コントロールとは、そういうことです。生きやすさにもつながりますよね。

自己コントロール感が高い人は、自分のことをよく知っている人。自分のことをよく知っている人は、自尊感情を育てやすい人です。

そうした意味でも、感情のラベリングを、レジリエンスを育む方法として取り入れてみてください。具体的な方法は、次ページからのワークで紹介します。

ワーク

一緒に気持ちを探してみよう

感情のラベリングが力を発揮するのは、子どもがわけもわからず泣いていたり、落ち込んでいたり、怒っていたりするようなときです。その瞬間は「感情に名前をつけてみよう」と言ってもなかなか気分が乗らないでしょうから、少し経って、気持ちが落ち着いてからがいいと思います。

「あのとき、どんな気持ちだったの？」と尋ねて掘り下げていく方法は、「認知の偏り」を解きほぐす、認知行動療法でも用いられることがあります。

とはいえ、急に「感情に名前をつける」と言われても、子どもには理解がむずかしいですよね。だからこそ、ふだんから少しずつ軽い練習をしておくと、やりやすくなります。**「もしも」と仮定したエピソードから自分の感情を考えさせて、それに名前**

をつける練習です。

たとえば、「○○くんは、列にきちんと並ばないで横入りされたら、どんな気持ちになるかな?」「みんなと頑張って練習したのに、発表会の当日に誰かがミスをしてしまったら、○○ちゃんはどう思うかな?」などと、尋ねるのです。

そうして、「嫌な気持ちになる」と答えたとしたら、「それは怒っているっていうこと?」「練習の成果が出せなくて悲しいのかな?」といったように、より感情を具体的に聞いていきます。

一つの言葉に集約できなくても構いません。次のページにある「気持ちを表すカード」の中から、ぴったりくるものを選んでみましょう。

そして、もし「怒り」なのだとしたら、「怒らないで相手にダメだと伝えるにはどうすればいいかな?」など、最善の解決策を一緒に考えていきます。

気負わずにゲーム感覚でやってみてください。

気持ちを表すカード

落ち着く

気になる

認める

うれしい

ワクワク

信頼

イライラ

ムカつく

怖い

不安

嫌い

悲しい

びっくり

うんざり

ぼんやり

しんみり

子どもの感情がわかった
あとのフィードバックは
次ページから説明します

こんなときは
こうしよう

友だちとのケンカは、相手の気持ちも含めて考えてみる

感情のラベリングは、自分の感情だけでなく相手の感情について深掘りしてみるのもおすすめです。

「列に横入りした子は、どんな気持ちだったのかな？」「発表会でミスをしてしまった子は、どんな気持ちになるかな？」など、相手のことも考えられると、不要なケンカを避けられたり、思いやりのある言葉をかけることができたりと、他者とのコミュニケーション面で成長できます。

また、**いろいろな感情に触れたり感情を想像したりすることによって、感情表現のボキャブラリーも増えます。**そうすると、**より自分の感情を説明しやすくなって自己コントロール感が増していくのです。**

そのためには、保護者が子どもの感情に対して、適切なフィードバックをすることが大切です。たとえば、怒りを引き起こしている「嫉妬」を指摘すると、嫉妬とはどういう感情なのかを学ぶことができますよね。

感情は身近な人からのフィードバックによって学んでいくことも多いもの。本人は、それが怒りなのか悲しみなのか嫉妬なのかわかっていないけれど、「怒っていたね」と他者から言われることで、「これが世間でいう怒りなのか」と理解するのです。

だから、子どもが急に怒り出したように見えたら、それに対して「静かにしなさい！」などと反射的に叱らずに、「いま、怒っていたけどどうして？」「いまの怒りはどこから来たの？」と尋ねてあげる。そうすることで、子どもは感情を抑制することなく、自分の感情と向き合って、把握することができるようになるはずです。

感情を把握したら、その先にある行動にまで目を向けることもとても重要です。**人間は、認知をして、感情が生まれ、行動を起こします。**その行動が正しかったのか、正しくなかったのならどんな行動をすればよかったのか、どんな行動だったらその感情を消化することができたのか。それを考えれば、感情をコントロールする行動が見えてきます。

たとえば、友だちとケンカをして、友だちが傷つくようなことを言ってしまったとしましょう。まずは、そうしてしまった原因となる感情を探ります。原因が、「ほかの子と仲よくしていたから」という嫉妬だったとして、嫉妬が生まれたときに友だちを傷つけるのではなく、どう振る舞えばよかったのかを一緒に考えていきます。

このとき、友だちの気持ちを考えてみるのも大切です。

仲よくしていた別の子も含めて3人で遊んだら、仲のよい友だちが増えたかもしれません。友だちでなくなったわけではないのだから、「また今度遊ぼう」と言って離れればよかったかもしれません。

どうしてそうなったのか、どうすればよかったのかを、感情と行動を切り離して考えます。そうすることで、次に同じようなことに遭遇しても感情をコントロールして振る舞うことができるようになるでしょう。

気持ちの切り替えには「マインドフルネス」が有効

人間の感情はそう簡単ではありません。感情のラベリングをしても、どうしても気持ちが晴れない、ネガティブな感情が残り続けてしまうといったことはよくあります。

そんなときに試したいのが、「マインドフルネス」です。

マインドフルネスとは、あれこれ考えてしまう脳の過剰な活動を鎮(しず)め、不安やストレスの低減を目指すための方法です。瞑想を通して、未来でもなく過去でもなく、〝いまここ〟、〝あるがまま〟に意識を向けることで、働きすぎの脳を休ませます。

瞑想というと、ちょっと怪しいイメージがあるかもしれませんが、構造化されたマインドフルネスは精神科領域でも治療として確立されていたり、認知行動療法の要素として採用されたりしています。

私たちが、ああだこうだといろんなことを考えて、悩んだり、落ち込んだり、後悔したり、ストレスを溜めたりしてしまうのは、過去に起こった出来事を何度も何度も思い出してしまうから。

起きるかもわからないネガティブな想像をふくらませて、不安にさいなまれてしまうのは、未知であるはずの未来を勝手に自分でつくり出してしまうから。

過去にも未来にも目を向けず、いまここにあるものだけを正しく評価すれば、人間は心おだやかでいられる。それが、マインドフルネスの考え方です。

瞑想やストレスをただ見つめるというのは、子どもにはハードルが高いですが、手足の動きに意識を向けて、何も考えずに歩くことに集中するとか、ひたすら色を塗ることに意識を向けてみるとか、そうした「いまやっていることに、とにかく意識を向ける」という練習から始めるのも悪くありません。

こんなときは
こうしよう

お菓子の匂いや食感に意識を向けてみる

食べることに集中して、いまそこにあるものに意識を向ける練習をしましょう。

たとえば、動物の絵のビスケットなど、一つ一つ絵柄が違うお菓子があったら、一つ食べるごとに「こんな絵が描いてあるね」「これは何の絵？」といったように、じっくり絵を鑑賞します。**いいとか悪いとか評価をするのではなく、ただ見て、受け止めるのです。**

匂いや食感がよいお菓子なら、口に入れる前と口の中で感じる匂いはどう違うか、とことん嗅覚を研ぎ澄ましたり、口の中で感じるサクサクやふわふわなどの食感に集中してみたりと、とにかく「いま食べているもの」に意識を向けるのです。それによって、その瞬間そこに存在するものをただ見つめる、味わう練習になります。

こんなときは
こうしよう

外気を感じながら体に意識を向けてみる

過去のことも未来のことも考えず、歩きながら、とことんいま、ここにいる自分の体に意識を向ける方法もあります。

風を感じているほっぺ、なびいている髪の毛、一歩一歩踏み出す足の裏、元気に振っている腕、ギュッと握った手のひら、太陽が当たっている首元、歩くたびに動いているふくらはぎや太ももの筋肉……。

土を踏みしめるとどんな音がするか、落ち葉の上を歩くとどうかなど、歩いているときの音に集中するのもよいでしょう。

最初はむずかしく感じるはずですから、「いま、風を体のどこで感じる？」とか「歩くときの音を聞いてみよう」など、保護者がリードしてあげてください。

自分の意見を言えるのは、自尊感情が育ってきたサイン

自尊感情が高い人の特徴は、自信を持って決定や選択ができて、その選択に対して責任を持てることです。自己コントロール感や自己効力感が強くて、自分の意見や提案を頭ごなしに否定されるようなことが少なく、どんな形であれ受け入れてもらえると前向きに考えやすくなりますよね。

反対に、自尊感情が低い人は、「自分の決定にはみんながNOと言うんじゃないか」と思い込んで、決断や選択を回避したり、自分の意見を言えなかったりします。否定されることにおびえている状態です。

だからもし、**子どもがそれまで言えなかった自分の意見を言うようになったり、「きっと大丈夫だろう」「失敗しても平気」と楽観的に考えて、チャレンジをするよう**

になったりしたら、それは自尊感情が育っているサインかもしれません。

ただ一つ気をつけたいのは、それが根拠のない自信である場合は、手放しに全肯定はできないということ。**何を根拠に話しているのか、なぜその結論に達したのかをくわしく聞いてみるのがおすすめです。**

自尊感情は短期間で簡単に育つものではありません。日頃の積み重ねで少しずつ変化していくものです。**保護者が過剰な期待をすることなく、あせらずじっくり対話を続けるのが、何より大切です。**期待していること自体が、子どもに「こうなってほしい」と願望を押し付けていることになりますから、気をつけてくださいね。

保護者が子どもと一緒に成長していく意識を持つことも、とても大事です。保護者の経験は子どもの年齢と同じ分しかないのですから、完璧にできなくて当然です。長い目で見て、二人三脚、三人四脚、四人五脚、五人六脚……と、子どもの味方を増やしていってください。

第5章

こんなときどうする?
子育ての
お悩み相談室

「子育てがうまくいかない」と、自分を責めていませんか？

ここまで、「子どものレジリエンス」を育てるというテーマでお話をしてきました。

でも、私は保護者のレジリエンスも気になっています。

優先順位のランキングは、子どもがつねに1位で、パートナーが2位、自分はいつでも3位以下……というふうに、自分のことを後回しにしている保護者がとても多いと感じているからです。

いつも時間に追われ、自分の感情とていねいに向き合う暇もなく、ストレスを抱えているのが当たり前。そんな日常を送っていては、レジリエンスはおのずと下がってしまいます。

子どものレジリエンスには、保護者の心の状態が大きく影響します。保護者自身が

しっかりと自分を大切にして、ゆらがない心で生きていることが、子どものレジリエンスを育てるうえでは非常に重要なのです。

それに、保護者は子どものレジリエンスの土台をつくる要素の一つでもあります。子どもの行動や言動、取り巻く環境に敏感になり、降りかかるストレスを取り除いて安心・安全な居場所を提供する。そんな大切な役割を保護者は担っています。

だからこそ、子どものレジリエンスばかりに目を向けず、自分のレジリエンスも意識して、子どもと一緒に成長させていってほしいのです。

よい保護者を目指すのはもちろん大切だし、すばらしい心がけです。でも、「親とは、こうあるべきだ」と、誰かが言う理想の親像に振り回されていては、さらにストレスが溜まるばかりです。

完璧や正解などありません。保護者はスーパーマンでもないですし、できないことがあって当たり前です。

できる範囲で何を子どもに提供してあげられるのか、限りある自分の時間や能力、労力をどれだけ費(つい)やせるのかを考えて、上手に配分しなければ、疲れ果ててしまい、続きません。

ギリギリの状態では、うまくいくものもうまくいかなくなってしまいます。

自分なりのスタンス、自分なりのペース配分を確立することが何より大切です。

みなさんの心を少しでも軽くするために伝えたいのは、子どもはどうしたってコントロールしきれない生き物だということ。

「子どもが言うことを聞かないのは、自分のせいだ」と、自分を追い込まないでください。子どもは独立した生き物で、思いどおりに動かすなんてことは、誰にもできないのです。

世間には、「親の責任」「親の育て方が悪い」などと言う人がいますが、そういう声にいちいち傷つく必要はありません。

子どもはひとりひとり異なる生き物で、自分の子どもと同じ子どもを育てている人はこの世に存在しないですよね。子どもの数だけ、子育てがあります。**誰にでもあてはまる子育ての参考書も正解もないのですから、もっと気楽に、肩の力を抜いて、めいっぱい子どもと自分を愛することに集中してほしいと思います。**

この章では、子育ての中で保護者が抱きがちな悩みをいくつか取り上げて、しんどいな……と思ったときの対処の仕方、考え方を紹介していきます。

もちろんこの本だって、すべての子どもにあてはまる正解を書いているわけではありません。あくまで参考程度に、書かれていることに過剰に縛られないでくださいね。

大切なのは、子どもと対話を重ね、その子に合った声かけや励まし方、勇気づけ方、叱り方を模索していくこと。

そして、**保護者がひとりですべてを抱え込まず、パートナーやまわりの大人たちに頼って、解決していくこともとても大切です。**大人だって、自分を守るレジリエンスの添え木や支えが必要なのですから。

お悩み

子どもが言うことを聞いてくれなくて、イライラします

子どもが自ら動き出すような働きかけを

「お風呂に入りなさい」「おもちゃを片づけなさい」など、何度言っても動いてくれなくて、しまいには怒りを爆発させてしまう……ということは、よくありますよね。

そんなときに意識したいのは、**自ら進んでやろうと思える動機づけをどう生み出すかです。** たとえばお風呂なら、中に小さなおもちゃを入れて凍らせた氷を用意して、溶かして遊ぶのが楽しいから、お風呂に入る……という動機をつくるのです。

先ほど、世間の声に耳を傾けすぎてはダメと言いましたが、ここは世間からアイデアをいただいてしまいましょう。同じ悩みを抱えている保護者は、実は世の中にものすごくたくさんいて、それぞれがいろんな工夫をして、子どもにやる気を起こさせて

います。その工夫の中から、よさそうなものを試してみるのです。

おもちゃ入りの氷のアイデアも、私がYouTubeで見たものです。こういう「使えそう！」というアイデアが世の中には出まわっていますから、ぜひそれを活用してみてください。

イライラの感情が生まれてしまうのは仕方ないけれど、それを子どもに悪い形でぶつけないよう、怒りの制御をすることも忘れないでください。

「子どもを100％コントロールするなんて無理だよね」とわかっているだけでも、少しは怒りがおさまるでしょう。

自分の感情とうまくつきあいながら、子育ての先輩や仲間たちが試行錯誤して生み出したいろんなアイデアを試してみましょう。ある一つのアイデアが自分の子どもに通用しなくても、それは仕方ありません。ひとりひとりに個性や好みがあるのだと心に留めて、別の策に挑戦しましょう。

うまくいったことがあれば、ほかの悩める保護者のためにシェアするのもいいかもしれませんね。

お悩み

叱ってもヘラヘラしてばかりで、伝わっている気がしません

すぐに反省しなくても、その後の行動が変わっていれば大丈夫

まず前提として確認したいのは、「叱る目的は何なのか」ということ。ヘラヘラされたらイラッとしてしまう気持ちはよくわかりますが、叱るのは、反省してシュンとした顔をさせるためではありません。子どもがしてしまったNGな行動を変えたり、やめさせたりすることです。それを忘れてはいけません。

保護者にも学校の先生にも、子どもに反省している態度を求める人は多いような気がします。子どもをコントロールしたいという、大人の欲が出てしまっているのではないかと私は考えています。

ある意味、教育は洗脳のようなもので、言うことを聞かせてなんぼのものだと勘違

いしやすい点は否めません。子どもに限らず、自分のつくったルールの中で生きている弱い存在を、コントロールしたくなるのは人間の性（さが）です。

だから、怒鳴りつけて力で支配し、言うことを聞かせようとするし、自分に従う態度を見たくなる。過度に反省を求めるのは、そのせいです。

「怒る」と「叱る」の区別ができるようになれば、反省の態度にはこだわらなくなるでしょう。

「叱る」とは、子どもがしてしまったNG行動や発言を、次からはしないように伝える行為です。**その行動や発言をした結果、どんなデメリットが生まれたのか、誰がどんなふうに傷ついたのか。そうしたことを冷静に伝えて、子どもの行動や発言を変えていくことが目的です。**

行動や発言を禁止するだけでは効果がないのであれば、何らかの罰を与えるルールを事前につくるのもよいかもしれませんが、ルールは保護者が勝手に決めてしまうのではなく、事前に子どもと話し合ったうえで納得して決めておくのがベストです。

お悩み

相手を傷つける発言ばかりするので、気になります

言ってはいけない言葉で結びつく友人関係もある

まずしなければならないのは、その言葉の持つ意味をきちんと伝えること。たとえば、「死ね」とか「ウザい」とか「キモい」といった言葉は、他者を大きく傷つけるのだとわかってもらわなければいけません。

子ども同士だからダメなのではなく、大人に言うのもダメ。大人は悪口を言われても平気なフリをするかもしれないけれど、心の中でショックを受けているのだと、伝えてあげてください。

大人が平気な顔をしていたら、子どもはもっと過激な言葉を探して言い続けてしまいかねません。もし自分がその言葉を言われたらどう思うか。それを一緒に考えてみ

てください。

ここで怒ったり、叱ったりしても、本意が伝わらなければ意味がありません。言葉の力はとても強くて、たとえば芸能人でも言葉に傷つけられて亡くなった人がいる。デリケートなことですが、そういう話だってときには必要でしょう。

一つ覚えておいてほしいのは、小学校中学年くらいになると、友だち同士の仲間意識が強くなって、狭い世界の強い結びつきの中で交わす言葉を重視しがちだということです。仲間内で同じ言葉を使うことで、仲間意識を高めていく時期で、その中で強い言葉が使われることもよくあります。

だからといって、けっして「みんなが言っているから言ってもいい」ということではありません。

その線引きはむずかしいですが、**誰に対して、どんな意図で言っているのか、言われて傷つく言葉ではないか。そういったことをちゃんとわかって発言しなければいけないと、伝えてあげてください。**

お悩み

叩く・蹴るといった暴力が目立つようになり不安です

手や足が出るのは、思いを言語化できずに苦しいからかも？

反抗期前後は、とくに攻撃性がひどくなることがあります。物にあたったり、イライラした態度を表したり。何を隠そう私自身も、中学生くらいのときに部屋の壁に穴を開けたことがあるんです。

だから、誰でも通る道で、自分もそういう時期があったな……くらいの気持ちで多少は見守ることも大切だと思います。

ただ、**暴力的な行動の裏には、言葉にならない思いが隠れている可能性もありますから、あまりにも目に余るようならばそこを探ってみるのもありだと思います。**

そのときは、「感情のラベリング」（138ページ参照）をやってみるのがおすすめです。怒りが爆発している最中はむずかしいので、少し落ち着いたら、「さっきはどうしたの？」と少しずつそのときの感情を解き明かして、言語化していきましょう。

なぜその感情が生まれて、暴力以外にどんな解決方法があるのかまで考えられるとベストです。また、発達の特性の問題などからひどい癇癪（かんしゃく）を起こす子もいますし、衝動のコントロールができずしんどくなっている子もいます。病気を疑う場合は、児童精神科を受診してみるのも一つの手だということは知っておきましょう。

一つ気にしてほしいのは、**保護者がふだんから、暴力で解決する姿を子どもに見せていないかどうかということです。**子どもに言うことを聞かせようとして叩いたり、何か気に入らないことがあると物にあたったりしている様子を子どもが見て、「他者を従わせるには、暴力を振るえばいい」「自分の希望を通したいときには、暴れればいい」と学んでしまっている可能性があります。

目の前の子どもの状態は、保護者を映す鏡でもありますから、何か気になる行動があったら、そこにつながる自身の行動はないだろうかと、振り返ってみてもよいのではないでしょうか。

お悩み

子どもが何を考えているかわからず、接し方に困ってしまいます

子どもといえど、別の人格。無理にすべてをわかろうとしなくてOK

考えていることは何でも知っておきたい。わが子に対してそう思っている保護者は多いと思います。心配な気持ちもあるでしょうし、もしかしたらそこには支配したいという思いも隠れているかもしれません。

でも、自分のパートナーや親、友人や同僚が考えていることをすべて把握できないのと同じように、子どもの考えていることも、すべてはわかりようがないのです。**自分の子どもといえど、他人の思考には踏み込めない。**そう思っていたほうがいいでしょう。

子どもだって保護者の気持ちを理解するのはむずかしいわけですから、「お互い様だね」というくらいの気持ちで、あまり気にしすぎないことも大切です。

精神科医で心理学者でもあるアドラーは、「課題の分離」という考え方を提唱しました。これは、**何か課題が発生したときに、それが「誰の課題なのか」を見極めて、自分の課題でなければ切り離し、きちんと線引きをするというもの。**

たとえば、子どもが友だちとケンカをしたとします。「友だちとのケンカ」という課題は、子どもの課題であって、保護者は関係がない。だからそこに保護者は自分からはあえて立ち入らないようにするのです。そして、**子ども自身が課題を乗り越えるために考え、行動するのを見守ります。**

もし行動せずに関係がこじれたままでも、それは子どもが選択したことなので、その結末は子ども自身で嚙みしめなくてはいけません。

子どもに手を貸さないのは一見、冷たい態度のように思えるかもしれませんが、その結果から子どもが何を学ぶのかを重視するのです。

ケンカの原因だって、いくら説明しても本人同士にしかわからないこともあるでしょう。もちろん、どうしても助けが必要な場合もありますので、過度に保護者が入っていく必要があるのかどうか、そこを見極める必要があります。

子どもの自立を促すうえでも、「課題の分離」は親子関係の一つの方法として、覚えておくとよいでしょう。子どもが自分で課題を乗り越えられたら、自己効力感、自尊感情を育むことも可能です。

もし、子どもが何か話したいことがありそうなのに言葉にできていない状態だとしたら、対話を重ねて「感情のラベリング」（138ページ参照）を試してみましょう。このときに、子どもの気持ちをわかった気にならないことが大切です。先ほどお話ししたように、すべてを理解することなど、とうてい無理なことなのですから。

わからない前提でコミュニケーションをしたほうが、相手の気持ちに配慮できて、かえってよい関係性が築けることもあるのです。

トラブルに巻き込まれてさえいなければ、大丈夫。そのくらいおおらかに子どもを見守ってもいいのではないかと思います。

悩みを2つの箱に仕分ける

課題の分離の練習をしてみましょう。以下に、目の前にある課題を書き出し、それが自分または子どものどちらの課題なのかを仕分けます。

悩みを以下に書き出してみよう

①

②

③

④

①〜④の悩みは子どもの課題？　自分の課題？

子どもの課題	自分の課題
↓	↓
子どもが自分で向き合うべきもの	親が自分と向き合うべきもの

お悩み

いつも落ち着きがなく、発達障害かな？と不安になります

誤った情報に振り回される前に、医師に診断してもらう

悩んでいても仕方がありませんから、不安を感じるのなら受診をしましょう。

保護者の心情として、発達障害だとはっきり診断されることを恐れる気持ちはよくわかります。一方で、診断名がつくことで子どもの行動の背景にあるものがわかり、安心する保護者もいます。

いずれにせよ、保護者がインターネットの滅茶苦茶な情報に振り回され、勝手に「こうに違いない」と判断してしまうのは怖いことですから、専門家に判断をゆだねるのがよいと思います。


発達障害だと診断されてもされなくても、それで本人の特性が何か変わるわけでは

ありません。話を聞いてみて、もう病院に行く必要がないと思ったら、行かなくてもいいのです。過剰に構えずに足を運んで大丈夫です。保護者が強く疑い病院に行ってみたが、発達障害ではなかったというケースもあります。

専門家から対処法などのアドバイスをもらうことで、気になる行動や症状が目立たなくなる子もたくさんいますし、福祉的な制度や支援の仕組み、相談窓口などを知ることができ、保護者の負担を軽くすることにもつながります。

インターネットで調べて、自分だけで抱え込むと、どんどん正しくない情報が積み重なって、保護者自身が不安でしんどくなってしまいます。そして、子どもを「こうだ」と決めつけて、自分が正しいと思った方向へと誘導してしまう。それは避けなければなりません。

悩みの中にいると、どうしても視野が狭くなりがちですから、誤った情報に振り回される前に、一度、専門家の話を聞いてみてはいかがでしょうか。

お悩み

学校で集団行動ができていないと先生から言われました

「できない」のか、「しない」のかを見極めること

大切なのは、集団行動を「したいのにできない」のか、「自ら進んでしていない」のかを見極めることです。

学校は集団行動をしてもらったほうが統率しやすいですから、子どもに集団行動を促しますが、なかにはやりたくない子だっているでしょう。なぜみんなと同じことをしなければいけないのか、納得できない子だっています。

もし本人が、みんなと同じ行動をしたいのにどうしてもできないと言うのなら、たしかに病気などが隠れているかもしれませんので、専門家とともに対応を考えましょう。でも、**もしそうではなく、そこまでまわりに迷惑をかけていないのだとしたら、**

無理に合わせようとさせなくてもいいのではないかと思います。

休み時間に友だちと遊ばずに、ひとりで本ばかり読んでいる子がいたとして、それは悪いことではありませんよね。先生や保護者が「子どもは友だちと一緒に遊ぶものだ」と決めつけていると、ひとりでいる子はおかしな子だと判断されてしまいます。

でも、みんなでいるよりも、ひとりで静かに本を読んでいるほうが、楽しくて自分らしい時間のすごし方であるという子は少なからずいます。保護者自身も、つきあいで仕方なく友だちと遊んだ経験があるのではないでしょうか。

本人の真意を知りたいのなら、やはり本人に聞いてみるしかありません。「先生に、〇〇ちゃんはいつも休み時間にひとりで本を読んでいて、友だちと遊ばないって聞いたけど、どうして？」と問いかけてみましょう。そして、「そのときはどんな気持ちなの？」「本を読んでるほうが楽しいの？」など、気持ちを深掘りしていきます。**家では活発でも、学校ではおとなしいという子も少なくない**ですから、保護者が見ているキャラクターと違ったとしても、驚かずに話を聞いてあげてください。

お悩み

家ではおしゃべりなのに、一歩外に出ると極度の人見知りです

家で自由にしているのは、家が安心できる場所である証拠

はじめて参観日に行って、「ふだん、家ではうるさい子どもがすごくおとなしくてびっくりした」という保護者の声はよく聞きます。

子どもは子どもなりに、社会生活の中で自分のポジションを確立して、自分なりの振る舞いをしているものです。かならずしも大きな問題とは限りません。

人見知りで、親しくない人とは積極的に話をしないのは、仕方のないことです。ただ、もし極端に外の人との接触を怖がっているようならば、何か原因が潜んでいるかもしれませんから、そこは対話をして探っていくようにしてください。

外ではむずかしくても、家の中で本来の自分が表現できているなら、それは**家が子どもにとって安心できる自分の居場所だという証拠です。**家なら、多少のわがままは許されるし、いざというときには保護者が自分を守ってくれる。その安心感が自由な振る舞いを生んでいるのです。

大人も、家での顔、職場での顔、友人といるときの顔……など、その時々で振る舞いを変え、いろんな顔を使い分けて生きていますよね。子どもだって一緒です。人間にはいろんな顔があって当然で、どれが裏の顔、表の顔とは言いきれません。

家族といる時間がいちばんくつろげるのであれば、それはとても幸せなこと。ぜひ子どもがそう思える居場所をつくってあげてください。それができるのは、保護者しかいないのですから。

人見知りであっても、コミュニケーションが取れたほうがよいこともありますから、必要であればスモールステップを踏んで練習をしていくのもよいでしょう。その過程をかならず見守って、できたらその都度、ほめてあげてくださいね。

お悩み

どうしてもほかの子と成長を比べてしまいます

成長を測るものさしは、自分の子どもの中だけにつくる

成長スピードは人によって違います。 歩き始める、話し始めるといった基本的な成長過程も、子どもによって数カ月は差が出るのが当たり前です。

同い年くらいの子どもと比べて、「うちの子は〇〇ができない」と不安になってしまうのは、誰かが言った基準に振り回されているからです。

乳幼児健診などで聞いてみるのも大切ですが、**もしどうしても不安がぬぐえないのなら、スマホで検索をして得た情報をうのみにせず、自分で医師などの専門家に相談して、正しい知識を得ることをおすすめします。**

もう一つお伝えしたいのは、「あの子はできるのに、うちの子はできない」ということがあるのは当たり前で、逆もまた然り。自分の子どもにできてほかの子にできないことも当然あるということ。

保護者がいいところを見つけてあげられないと、子どもの自尊感情はなかなか育ちません。第4章でいいところを探すワークを紹介しましたが（132ページ参照）、**「何としてでも子どものいいところを見つけて、自尊感情を育ててやるぞ」と、本気で子どもと向き合うことを大切にしてほしいです。**

「勉強ができる子に育ってほしかった」「運動が得意な子になってほしかった」のに、そうはならなかったと落ち込む保護者もいるでしょう。でもそれはある意味、自分の理想の押し付けになってしまいます。何度も言いますが子どもは保護者の所有物ではなく、コントロールのきかない生き物なのだということを忘れないでください。

その子自身を尊重して、能力、性格、興味関心など、その子が持っているものの中からいいところを探しましょう。ほかの子と比べることなく、その子が以前と比較してどう成長したかに目を向けるようにしてください。

お悩み

「いつも完璧な親でいないと」というプレッシャーにとらわれています

「親はこうあるべき」という呪いを手放して

完璧を求めて苦しくなってしまうときは、**自分が思い描いている「完璧」は、いったい誰の基準で決めたものなのかを、一度考えてみる必要があります。**

SNS上にたくさん流れてくる、家事も子育てもすんなりこなしてキラキラした生活を送るママたちでしょうか？　理想の母親・父親像を書いた子育て本でしょうか？　それとも、パートナーや自分の親、周囲の人でしょうか？

それらはすべて、プレッシャーという名の「呪い」のようなもの。自分ではない誰かの基準で決めた「完璧」に支配されて、「こうあるべき」と自分に無理強いをしている状態なのです。

何もかも完璧にできる人などいません。キラキラしているように見える人たちも裏ではギスギスしているかもしれませんし、おしゃれな料理写真をSNSにアップするために、子どもとのコミュニケーションをおろそかにしている人もいるかもしれないですよね。

誰から与えられているプレッシャーなのか。まずはそれを明らかにすると、誰かのものさしで完璧さを測るのはおかしいことだと気づくことができるでしょう。

自分ではない誰かの基準で生きてしまっている人は、意外とたくさんいるものです。**基準はいつも、自分の中にあるのだと覚えていてください。**

完璧という誰にも達成できないことを目指して必死に頑張るのは、頑張っているという口実で現実から目をそらすことにもつながります。それよりも、自分にできることを一つずつやっていくことのほうが、よほど意味があります。

遠くの大きな目標に向かうのではなく、スモールステップで小さな目標を実現していくと、自己効力感が高まるという話をしましたが、大人も同じです。**完璧を目指さ**

ずに、子どものためにしてあげられることを探して、少しずつ積み重ねていく。そうして、自分の自己効力感も子どもの自己効力感も一緒に育てていきましょう。

完璧を追い求めない姿勢は、第4章でお話しした、「ありのままの自分」を認めて愛する、自尊感情にも大きく関わってきます（124ページ参照）。子どもの自尊感情を育てるのはもちろんですが、保護者も「ありのままの自分」に目を向けて、自尊感情を取り戻してほしいと思います。

自分の感情を認めて、自分の子育てを否定しない。自分の子どもをほかの子と比べないのと同じように、自分の子育ても誰かと比べない。

葛藤や失敗が続いても、心が折れることなく「大丈夫、よく頑張ったよ」「次また頑張ればいい」と思えるように、〝ふにふに〟とダメージをかわして前に進めるように。自分のレジリエンスをちゃんと意識して、育てていってください。

レジリエンスとは、自分の力で踏ん張るだけではなく、誰かに頼ることができる力でもあるとお伝えしましたよね。だから、**自分ひとりで頑張らなくてもいいのです。**

自分を守るために、ちゃんと誰かに頼る。「助けて」と声をあげる。それは、いま自分が守っている子どもを守ることにもつながります。

頼れる人、頼れる場所はありますか？ もし見当たらないのなら、自分のレジリエンスを育む武器を探すつもりで、ネットワークを広げ、ぜひ獲得してください。

さんざんＳＮＳを見すぎるのはダメだと言ってきましたが、頼る先を探すのに活用してみてもいいでしょう。同じ悩みを抱えている保護者同士がつながって、支え合うコミュニティもありますし、行政や民間の相談窓口も検索できます。**ＳＮＳに振り回されるのではなく、使いこなす。**そんな意識で使うのがいいと思います。

完璧さを求めると心に余裕がなくなって、よくないループに陥ってしまいがちですから、「ほどほどでいい」「昨日の自分よりよければいい」「子どもが喜んでくれればいい」「失敗しても次で挽回すればいい」……と、とにかくハードルをガツンと下げて、毎日をすごしてください。

お悩み

自分の発言や対応に、後悔やダメ出しばかりしてしまいます

後悔は、未来に向けての前向きな糧にすればいい

すべての後悔や悩みに関して言えることですが、「どうにかできること」と「どうにもできないこと」があって、後者について思い悩んでも、残念ですが仕方ありません。後悔とはまさに、「やってしまったけれど、いまさらどうにもできないこと」ですから、引きずっていても何も生まれないですよね。

そういうものはもう、過去のボックスにしまってしまいましょう。

そして、**また次に同じようなことに出くわしたとき、しまっていた後悔を未来に対する前向きなものとして、活用するのです。**

すなわち、後悔を未来への糧にするということ。

「こうすればよかったな」と後ろ向きに振り返るのではなく、「次はこうしよう」と考える材料にする。そうすれば、同じ後悔を繰り返さずに済みますよね。

まさに、レジリエンスが高い人とそうでない人の差は、ここに表れます。**失敗につぶされずに、次の機会に生かせるいい経験だったと考えられるか。**小さな差のように思いがちですが、次の行動がまるで変わる、大きな差なのです。

もし、子どもを否定するようなことを言ったり、子どもを傷つけるようなことを言ったりしてしまい後悔しているのなら、そのままにせず、「あんなことを言ってごめんなさい」と素直に謝ることも大切です。子ども相手だから謝らなくていいということは、ありません。対等な人として考えれば、当然のことですよね。

後悔が生まれるのは、反省の気持ちがあるから。何も反省しない人より、よっぽどいいと思いませんか。**後悔が多いなら、減らすために何ができるかと前向きに考えて、行動に移せばいいのです。**

お悩み

いつも余裕がなく、子どもにあたってしまいそうになります

ポジティブな言い訳を考えて、自分の時間をつくりましょう

いま、いっぱいいっぱいになってしまっているのなら、**まずは自分が使える時間や労力を見直して、誰かに頼ったり、やめてもいいことはないか考えて手放したりしてみましょう。** キャパを超え続けていては、自分も子どももつらいだけです。

とはいえ、「自分の時間が全然ない」と言っている人の中には、実はそうでもない人もいます。そんなふうに言いながら気づけばソファでダラダラとスマホを見ているというケース、心当たりはないですか？　そういう時間が10分×3回あったら、その30分でゆっくりお風呂に入ったり、ストレッチをしたりできるかもしれません。

でも、「無駄な時間をすごしているな」というのは、当の本人はあまり自覚がない

ものです。ゆっくり休むために日頃の時間の使い方を振り返ってみて、再配分をしてみましょう。

「私が不調になると家族にも影響してしまうから」という理由をつくって、あえて自分の時間を設けるのも、一つの手です。

ご自愛タイムを積極的に取るために、ポジティブな言い訳を考えるのです。

保護者には休みがありませんが、休みなく頑張り続けるには、リフレッシュは欠かせません。ほんの少しいつもと違うことをしたり、おいしいものを食べたりするだけでも、気分転換になると思います。

上手に自分をいたわってあげてください。

第4章でおすすめしたマインドフルネスを取り入れてみるのもよいでしょう（148ページ参照）。出来事や思考に気持ちが振り回されなくなると子どもへの接し方が変わってくるはずです。

お悩み

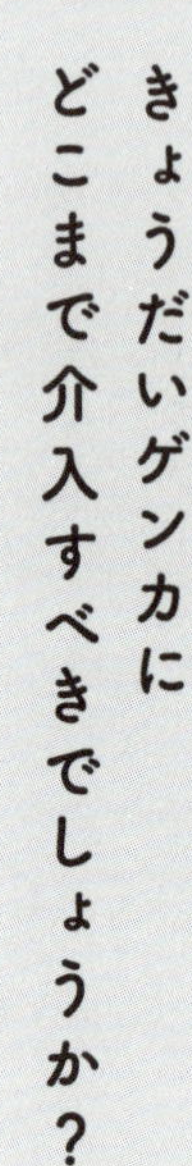

きょうだいゲンカに どこまで介入すべきでしょうか？

親はあくまで第三者。善悪のジャッジは平等に

きょうだいゲンカに警察官や裁判官のように介入して、つねに「あなたのほうが悪いから、謝りなさい」と言って解決させるのは、あまりおすすめできません。

もしかしたらどちらかが一方的に悪いケースもあるかもしれませんが、**ケンカの多くは両者の言葉や行動がエスカレートして起こるものです。**

だから、**両方の意見を聞いたうえで、仲直りをするためにはどこを修正していけばよいのか、アドバイザーのような立ち位置になれるとよいと思います。**興奮しているときはむずかしいですが、少し落ち着いたら話を聞いてみましょう。

「お兄ちゃんが先にいじわるをしたから叩いたんだよ」と、弟が主張したとして、

「お兄ちゃんがいじわるしたのは、よくないね」「弟が叩いたのもよくないね」というように、「どっちが悪い」と比較するのではなく、個別に悪かった点を反省させるのです。

そして、どうしてそんなことを言ったのか、その言葉が出てきた背景にはどんな感情があったのかを、それぞれに聞きます。さらに、次に同じ感情が生まれたら、どう対処すればいいいか、どんな言葉で伝えたらケンカにならなくて済むのかを一緒に考えます。

これは、家族という共同体を守るために大切な対話なのです。ケンカではなく建設的なやり取りをしたほうが、関係性を保つにはよいことですよね。それを子どもにも理解してもらえるように、話をしてみましょう。

また、**保護者として「きょうだいがケンカをしているのを見るのは悲しい」と伝えるのもよいと思います**。「どっちが悪い」と口を出すのではなく、「私は悲しい」と伝える。そうすれば、子どもは保護者に悲しい思いをさせないためにはどうしたらいいかを、自分たちで考えるかもしれません。

お悩み

シングルマザーなので、子どもにさみしい思いをさせていないか心配です

「両親がそろっている」＝「理想の家族」は誰が決めたこと？

最初にお伝えしたいのは、両親がそろっていてもさみしい思いをしている子どもはたくさんいるということ。**「子どもにさみしい思いをさせていないか」と心配していること自体が、子どもに対して愛情があることを表していると思います。**

この本を手に取っているのだって、子どものことを思っているからですよね。子どもにとって、自分を気にかけて、すこやかな成長を願ってくれている存在がいることは、それだけでも幸せなことなのです。

そしてもう一つ言いたいことは、**家族構成とは、子どものアイデンティティやレジリエンスを構成する星の数ほどある要素のうちの、たった一つにすぎないということ**

です。

子どもの成長にとって、保護者からの影響はとても大きいという話をしましたが(156ページ参照)、**片親だからといって悪い影響を与えるとは限りません。**たった一つの要素をもって何かを語れるほど、子育てが単純ではないことは、保護者の方がいちばんよくわかっていると思います。

世間では、父親も母親もいる家庭が理想的だと言われるかもしれませんが、私たちのような専門家から言わせたら、関わり方や環境など、もっと大切な要素はいくらでもあります。

2人そろっていても、子どもと密に対話をしていなかったり、夫婦がケンカばかりして子どもが家を安全な場所だと思えていなかったりすれば、悪い影響が出ることもあるでしょう。

保護者は子どもにとって、いつでも味方でいてくれて、何かあったら助けてくれて、心地よい居場所を与えてくれる存在でいることが大切です。それは片親であってもできることですし、親でなく祖父母や親族など保護者の役割を果たす人にもできることです。

世間には、「片親だから○○」と、決めつけたように言ってくる人がいるかもしれません。そういう人は、度のきつい色メガネをかけて、何の根拠もないことを振りかざしているだけ。認知の偏りが存在する状態なのでしょう。

いまの世の中、シングルマザーやシングルファーザーはめずらしくありません。そうした家庭で育ち幸せになっている方だって、当たり前にたくさんいます。

ですから、**もし片親であることを後ろめたく感じているのなら、いますぐにその考えは捨てていいです。**

子どもの感情や考えを尊重し、子どものよいところをたくさん見つけて言葉にして伝え、何かトラブルが起きたら一緒に解決策を探してあげる。子どもが心に抱えているものと向き合って、言語化する手伝いをしてあげる。ひとりの人間として認め、家族という共同体の中で役割を与える。小さな成長にも目を向けて、できるようになったことをほめてあげる。

こうしたことは、あなたひとりでも十分にできるはずです。「片親だから」なんて一つの要素で自信をなくす必要はありません。子どものすこやかな成長にはあなたの存在が支えになります。

でも、子どもと向き合うことに集中しすぎるのもよくありません。何度も言っているように、子どもは思いどおりにコントロールができない存在です。想定外のことが毎日のように起きるし、悩みの種はつきないでしょう。

大人がしてあげられることは限られていて、愛情さえ注いでいれば、きっと何とかなる。そのくらいのおおらかな気持ちでいることが、長くて過密な子育てを乗りきるために、大切なことなんだと思います。

この本を手に取って、子どものために何かを学ぼうとしているだけで、あなたはすでに親としてすばらしい。すごいことです。まずは自分で自分をほめて、頑張りすぎずに毎日をすごしてくださいね。

レジリエンスを育てる 声かけ集

本書で紹介したレジリエンスを育てる声かけをまとめました。
頭ごなしに叱ったり、子どもの考えや行動を否定したりする
△の「もったいない声かけ」をしてしまっている場合は、
子どもが安心できる言葉に変換していきましょう。

P.34〜37

子どもの心に「安心・安全」を与える声かけ

● 子どもが悩んでいるときは

○ どんなことがあっても、私はあなたの味方だよ

○ 困ったことがあったら、いつでも相談に乗るよ

○ 「助けて」ってちゃんと言えてえらいね

△ 何があったのかちゃんと話しなさい

ポイント　悩みを聞き出そうとするのではなく、まず味方であることを伝えましょう。

● いじめのニュースに触れたときは

○ 私なら、こんなふうに
助けてあげられるから、悩む前に話してね

△ いじめられないように強い子にならないとね

ポイント　目の前の出来事を踏まえ、助ける準備があることを伝えましょう。

P.46～49

コミュニケーションを習慣化する声かけ

● うまく話が出てこないときは

○ 今日の体育の授業は、何をしたの？

△ 最近、学校ではどんな感じ？

ポイント　抽象的な質問で答えが出てこないときは、臨機応変に具体的な質問に切り替えてみるのも手です。

● 都合が悪くなって子どもが黙り込んでしまったときは

○ 一緒に解決策を考えたいんだよ

△ 黙ってないでちゃんと答えなさい

ポイント　感情的に叱らず、助ける、サポートする意思があることを示しましょう。

P.72～79

未来への見通しを立てられるようになる声かけ

● いつまで経っても夏休みの宿題をしないときは

○ 1日3ページやれば休みの間にちゃんと終わるね

△ 毎日やらないと終わらないでしょ！

ポイント　いつまでに何をどれくらいやればいいのかを一緒に考えてあげましょう。

- 習い事を「やめたい」と言い出したら

○ どうしてやめたくなったのかな？

○ 会いたくない人がいるなら、
曜日や先生、教室を変えるのはどう？

○ 道具をそろえたり、月謝を払ったりするのに、
このくらいのお金がかかったんだよ。
だから、次に別の習い事を始めるときには、
これくらいのお金がかかることは知っておいてね

△ せっかく道具をそろえたし、お金もかかったのに……

ポイント　やめたい理由を聞き、続けられる方法を一緒に考えましょう。保護者も納得のうえでやめることを決めたなら、先のことを伝えておくのも大切です。

- ペットを飼いたいと言われたら

○ ひとりで散歩に
連れていけるようになったら飼おうね

△ どうせ世話しないんだから飼いません

○ 飼うためにはどんなお世話が必要になるかな？
まずはみんなでお世話係を決めよう

飼うのはいいけど、ちゃんとお世話するの？

ポイント　飼えない場合には理由をきちんと伝え、飼うことを検討する場合には飼うための役割分担とルールをまずは話し合いましょう。

● ペットを飼ったけれど世話をしないときは

エサをあげる、散歩させる、朝にトイレを掃除する。
できること、できないことはどれかな？

〇〇ちゃんが飼いたいって言ったんでしょ。
ちゃんとお世話しなさい！

ポイント　できること、できないことを明確にし、考える経験をさせてあげましょう。

● 友だちのものを壊してしまったときは

壊しちゃったのか、壊れちゃったのか、どっちだろう？

どうして壊しちゃったのか、理由を教えてほしいな

ものを壊しちゃったとき、
〇〇ちゃんはどうすべきだと思う？

どうして壊したの!?　謝ってきなさい！

ポイント　責任を子どもに押し付けず、壊した理由を聞き、どうすべきかを考えるサポートをしましょう。

P.82～85

子どものサードプレイスを奪わないための声かけ

- ゲームばかりで「友だちがいないのでは……」と不安なときは

○ どんなゲームなの？　どんなところがおもしろいの？

△ ゲームばっかりしていないで、たまには外に遊びに行きなさい

ポイント　ゲームの内容を掘り下げて聞き、ゲームの中で友だちと安全な交流ができているならば、むやみに否定しないことが大切です。

- 遊んでばかりで門限を破りがちなときは

○ 19時には夕食を食べるから、17時半までには帰ってきてね

○ 勉強をする時間が取れなくなるから、17時には帰って取り組もうね

△ 門限を破るなら、外出禁止にするよ

ポイント　どうしてこの時間までに帰らなければならないのかという、門限の「根拠」を示すことが大切です。

P.100～107

認知の偏りに気づかせる声かけ

- 「逆上がりなんてできない！」と決めつけてしまうときは

〇 自転車に挑戦したときは
50回練習して乗れるようになったのなら、
逆上がりも50回練習すればできるかもしれないよ

△ あきらめずに、できるまでチャレンジしなさい

ポイント 「できない」と決めつけている証拠や根拠が
どこにあるのかを一緒に探しましょう。

- 「今度の試合もどうせ負けるよ」とあきらめてしまうときは

〇 前に練習試合したときはどうだった？

△ やってみないとわからないよ

ポイント 見逃していた「よい結果」に気づけたり、
視野が広がったりするような対話をしましょう。

- 「テストの点数が悪いから受験に落ちる」
と全否定してしまうときは

〇 本試験までまだ半年もあるから、
〇カ月前のテストで80点取れば大丈夫だよ

△ たまたま点数が悪かっただけ。次は大丈夫だよ

ポイント 漠然と励ますのではなく、具体的な根拠や見通しを示しつつ励ますことで、
たった一つの失敗がすべての失敗につながるわけではないと伝えましょう。

「勝てたのはたまたまだから」と
自分を過小評価してしまうときは

○ 弱点を克服するために、こんな練習をしたよね

○ 朝に早起きして、トレーニングをしたよね

△ たまたまじゃないよ、〇〇ちゃんの実力だよ

ポイント 結果に至るまでの過程を一つ一つ可視化してあげることで、
本人の努力の結果、勝てたということを実感、認識させてあげましょう。

「試合に負けたのは全部私（僕）のせいだ」と
自己非難してしまうときは

○ 負けにつながるプレーをどのくらいしたのかな？

○ 相手チームはどれくらい強かった？

△ そんなことないよ。運が悪かっただけだよ

ポイント 過程を一緒に振り返り、
子どもが見えていないところを教えて視野を広げてあげましょう。

テストで90点を取れても
「100点じゃなきゃ意味がない」と言うときは

○ 〇年生のときの点数よりも成長しているよ

前回つまずいた問題も今回は解けたね

90点も取れたなら十分だよ

ポイント　今回の結果に至るまでの過程を具体的に挙げながら、
努力や成長に価値があることを伝えてあげましょう。

- **「先生に叱られた。私（僕）のこと嫌いなんだ」と悲観的に考えてしまうときは**

どうして叱られたのかな？

そうじゃないとしたら、どんな可能性が考えられるかな？

考えすぎ。気にしなくていいよ

ポイント　「嫌われている」という結論に至った根拠や道筋を一緒に検証し、
その結論が正しいのか、違う可能性はないのかを一緒に考えてあげましょう。

P.108～115

「できない」が「できる」に変わる声かけ

- **悲観的になりチャレンジしなくなってしまったときは**

言われなくても、塾に行く準備ができたね

どうして言われないとできないの？

ポイント　すでにできていることを一つ一つほめて、
「できること」に意識を向けてあげましょう。

- チャレンジ途中の子どもに「頑張れ！」と言いたくなったときは

○ 成功する方法をママ（パパ）も考えるから、一緒に頑張ろう

△ 頑張れ！　あれだけ練習したんだからできるよ！

ポイント 共同体であることを伝えるだけで、失敗をしても自分だけを責めなくて済んだり、味方がいるという安心感で挑戦を怖がらなくなったりします。

P.135〜153

子どもが自分を好きになれる声かけ

- 子どもをほめても、ほかの子と比べてしまっているときは

○ 誰かと比較してほめているんじゃないよ。私はあなたがやさしいと思うよ

○ やさしいと感じたのは、あなたのこういう行動のことだよ

△ ○○ちゃんよりもあなたのほうがやさしいよ

ポイント 子どもの思いや行動のどういった部分をほめているのかを具体的に伝えてあげましょう。
その際、子どもの友だちを比較対象に出さないことが大切です。

● 子どもが理由もわからず泣いていたり、怒っていたりするときは

○ いま、怒っていたけどどうして?

○ いまの気持ちはどこから来たのかな?

○ どうすればその気持ちはいなくなるかな?

△ 静かにしなさい!

ポイント 反射的に叱らず、どんな気持ちなのかを尋ねて感情の整理をするお手伝いをしてあげましょう。そこから、どうすれば感情を消化できるのかまで一緒に考えられるとベストです。

● 子どもがネガティブな感情に支配されているときは

一緒にお菓子を食べながら

○ お菓子に絵が描いてあるね。何の絵だろう?

○ どんな匂いがするかな?　噛むとサクサクしているね

一緒に外を散歩しながら

○ 歩くと地面からどんな音がする?

○ 風は冷たい?　あたたかい?

△ そんなに落ち込まなくても大丈夫だよ

ポイント お菓子やまわりの風景など、いまここにあるものに意識を向けさせること、ネガティブな感情を乗せずに話していくことが大切です。

おわりに

「お豆腐メンタル」のすすめ

精神科医をしていると、「どうすればメンタルを強くすることができますか」と聞かれることがとても多くあります。

それだけみんな強くなりたい、というか、強くならねば生きていけない社会で苦しめられているのでしょう。

しかし、この本でも書いてきたように、強さには限界があり、ぶつかり続けていればどれほど鍛えていてもどこかではかならず折れてしまいます。

また、わかりやすい大きなストレスとだけぶつかって打ち勝てばいいわけではなく、我々の日常には小さなストレスが掃いて捨てるほどあって、それらは雨垂れが岩を穿(うが)つように、気づかぬうちにあなたを侵食してきます。

「まさか自分が病むとは思わなかった」と言う患者さんは、こういったストレスと心の強さの関係をあまり考えずに、がむしゃらに頑張ってこられた方が多いのです。

もちろん、どっしりした幹を携(たずさ)えたメンタルをたまたま持って生まれるに越したことはありません。しかしそれは、背が高いか低いか、目の色が青いか黒いか、などのように選べるものではありませんし、簡単に変えられるものではありません。

そんなことよりも、**いま持っている武器で、このストレス社会をどう生き延びていくかを考えることのほうが、100倍大事で実践的です。**


「柔よく剛を制す」

しなやかなものこそがかたく強そうなものに勝つことができる、という意味の言葉です。とくに子どもの頃は、ヒーローアニメの影響か、なんとなくぶつかって敵を倒しまくれることが強いように感じるかもしれませんが、大人になるとそうではないことも多く経験します。

不要な衝突を避け、ゆるやかに着地させるほうが、自分も相手もエネルギーの消耗が少なく、誰も損をしない。そんな経験に心当たりはありませんか？

日々の生活の中で、もちろんすべてのストレスとの衝突を避けて通れるわけではありませんが、**世の中には確実にぶつからなくてもよいストレスが存在します。**

職場の同僚からの八つ当たり。ネット上の会ったこともない人からの悪口。近所のおばさんの理不尽な言いがかり。すべてを相手にしていたら、世界には敵が多すぎて体と心がいくつあっても足りません。

これらは、接点を持ち続ければ持ち続けるほど侵食してきます。

自分の人生や幸せに影響してこないものは、早々に受け流したっていいのです。

何を言われても気にしていないように見える人が、「鋼のメンタルだ」と言われることがあります。彼らはどんな攻撃にも耐えられる屈強な心を持っていると思われがちですが、実は彼らにはその攻撃があたっていないということも多いのです。

誰かもわからない人からぶつけられた悪口は、聞いていない、見ていない、届いていない、忘れてしまっている。華麗に受け流された言葉はそこで消滅します。一晩寝たら忘れるよ、という人は強いのではなく、かわし方、いなし方が上手なのです。

鋼のメンタルに対し、お豆腐メンタルという言葉があるそうです。きっとやわらかく、脆い、悪いイメージの言葉なのでしょう。

でも、いいじゃないですかお豆腐メンタル。**自分がやわらかいからこそ、他人をむやみに傷つけない、平和でストレスのない世界をつくることができる。**

柔がこの頑固でハードな世の中を制する。すばらしいことではないでしょうか。

そんなの邪道だと言う人もいるかもしれないけれど、その人のその言葉はきっとかわし上手なあなたにはもう届きません。

このストレス社会に生まれたお豆腐メンタルの人にとって、生存戦略に必須の武器。それこそがレジリエンスなのだと思います。

そのために、この本で学んできたレジリエンスを自分にも子どもにも生かしてあげてください。カッチカチの世の中で、お豆腐メンタルでも生き残れるよう、自分や子どもの持っている武器を確認して、かわし方を身につけて生きていきましょう。

藤野智哉

藤野智哉（ふじの・ともや）

1991年生まれ。精神科専門医。産業医。公認心理師。 秋田大学医学部卒業。幼少期に罹患した川崎病が原因で、心臓に冠動脈瘤という障害が残り、現在も治療を続ける。 学生時代から激しい運動を制限されるなどの葛藤と闘うなかで、医師の道を志す。 現在は精神科病院勤務のかたわら、医療刑務所の医師としても勤務。 障害とともに生きることで学んできた考え方と、精神科医としての知見を著作やSNSで積極的に発信しており、メディアへの出演も多数。 主な著書に『「誰かのため」に生きすぎない』（ディスカヴァー・トゥエンティワン）、『自分を幸せにする「いい加減」の処方せん』（ワニブックス）などがある。

〔STAFF〕

ブックデザイン　喜來詩織（エントツ）
DTP　高八重子
イラスト　白村くま子
執筆協力　佐藤葉月
編集協力　岡田直子・笹木はるか（有限会社ヴュー企画）
校正　麦秋アートセンター
編集　三宅礼子

精神科医が教える
子どもの折れない心の育て方

発行日　2025年3月10日　初版第1刷発行

著　者　藤野智哉
発行者　千葉由希子
発　行　株式会社世界文化社
〒102-8187 東京都千代田区九段北4-2-29
電話　03-3262-5117（編集部）
03-3262-5115（販売部）
印刷・製本　中央精版印刷株式会社

ISBN974-4-418-25406-4